I0129047

TE REO KAPEKAPE

Published by Oratia Books, Oratia Media Ltd, 783 West Coast Road, Oratia, Auckland 0604, New Zealand (www.oratia.co.nz).

Copyright © 2023 Hona Black
Copyright © 2023 Oratia Books (published work)

The copyright holder asserts his moral rights in the work.

This book is copyright. Except for the purposes of fair reviewing, no part of this publication may be reproduced or transmitted in any form or by any means, whether electronic, digital or mechanical, including photocopying, recording, any digital or computerised format, or any information storage and retrieval system, including by any means via the Internet, without permission in writing from the publisher. Infringers of copyright render themselves liable to prosecution.

ISBN 978-1-99-004237-9
Ebook ISBN 978-1-99-004252-2

Proofreaders: Ella Fischer, Te Aorangi Murphy

First published 2023
Reprinted 2023

Printed in New Zealand

TE REO KAPEKAPE

MĀORI WIT AND HUMOUR

×

HONA BLACK

Oratia

Rārangi upoko

Contents

He kupu whakataki

Kai ngā uri o te reo Māori, tātau e hiangongo nei, e iri mārō nei
te manawa kia mākū ai ō tātau korokoro i te reo — tēnā koutou
katoa. Ehara i te mea he aha, engari he moku rauemi whakakata
noa iho tēnei hai āpitihanga atu ki ā koutou pae pukapuka me
kore noa, ka rite tonu hoki te tautau o ōna kupu i ō koutou ngutu,
e ora ai te reo mōu, otirā, mō rātau kai te whare tamariki tonu e
noho ana.

I Aotearoa nei, me uaua ka whakahēngia te whakapae e pakari
haere ana te reo Māori. Ko te kaha ai o te motu ki te whai i a ia, kua
rangiwhāwhā ōna mihi, kua tangata whenua ētahi o ōna kupu, kua
kaingākau mai a tauiwi ki a ia — hāunga ētahi mokoweri! Hoi anō,
ki korā rātau hutihuti ai i ngā hina o ō rātau tou, he aha te aha!

Ko te rerenga rā mō te hutihuti i ngā hina o te tou, he mea
homai nā Tā Tīmoti Kāretu, ā, i rangona tuatahitia e ia i a Te
Rangihau. Kāti anō kia tīkina ko taua rerenga rā hai matapihi ki
te reo o nehe me ōna kapekape ki te tangata. Waihoki, koia te
kaupapa o tēnei pukapuka, ko te kapekape.

Nō reira, e te iwi, ko te reo kapekape tēnei e pōhiri atu nei me
ōna kīanga, ōna kīwaha, me ōna kupu whakarite e ora ai te wairua
hīanga me te wairua whakakata i tō tāua reo.

Kai pāmamae mai tauiwi mā ki ngā kupu, ki ngā rerenga, me
ngā kōrero kua whakamoanatia ki ngā whārangi o te pukapuka
nei. Ko te ao Māori whakapāha-kore tēnei me āna tirohanga e
whātaretare atu nei ki te ao mārama, kia kite ai koutou i tōna

Introduction

Descendants of the Māori language, those of you who pine and hunger to quench your thirst with te reo Māori — greetings to you all. This small book will serve as an entertaining addition to your bookshelf in the hope that you use the sayings as much as you can to keep them alive and so that they will be around for generations to come.

In Aotearoa it's undeniable that te reo Māori is gaining momentum. With so many people across the nation learning the language its greetings have become widespread, its words have become part of the lingua franca, and non-Māori are throwing their support behind it — notwithstanding some dinosaurs! However, these dinosaurs can sit and pull the grey hairs out of their buttocks, to no avail!

The phrase 'pulling the grey hairs out of one's buttocks' was given by Sir Tīmoti Kāretu, who first heard it from Te Rangihau. It's appropriate that we draw on that phrase as a window through which we can peer into the language of the past and its tongue-in-cheek nature. That is, in fact, the purpose of this book — the language of jest and banter.

And so the language of jest and banter welcomes and urges you to use the phrases and idioms in this book to add some colour to your language and to make sure that te reo Māori remains cheeky and humorous in nature.

Don't be offended, non-Māori, by the phrases and content in this

ātaahua, kia rongo ai koutou i tōna reka, kia hemo ai koutou i tōna hātakēhi. Kāore hoki te Māori e horokukū ki te whiu i te kupu, ki te whakaputa i te whakaaro, ki te kōrero i ngā kōrero mō raro o te hope me ngā wāhanga o te tinana. Ki te Māori, he wāhanga noa iho ērā nō te tinana, ā, whakamahia ai i te reo kapekape pēnei i ētahi atu wāhanga o te tinana. Nō reira, ki te kore koe e rata mai ki ērā āhuatanga, me kati pea te pukapuka nei, ka whakahokia ai ki te pae.

Hoi anō, ki te reka ki a koe ērā momo kōrero, kāti, kainga ōna kai!

NGĀ KAI O TE PUKAPUKA NEI

Hai whakaupoko i ngā kai o te pukapuka nei, tēnā, kia uia ake te urupounamu nei, 'He aha rā tēnei momo reo, *te reo kapekape?*'

He reo whakatoi te reo kapekape e kata ai ngā kaiwhakaoko, e whakataetae ai te tangata ki te tangata e kata ai ngā niho. Ki tā *He Pātaka Kupu*, ko te kupu nei, ko te kapekape:

> Ka whai kia whakatakariri, kia whakamā tētahi atu,
> hei kata māu, mā ētahi atu rānei; ka whiu i te kōrero
> tētahi ki tētahi i runga i te wairua whakataetae, i te
> wairua whakangahau.

Kāore ō tātau tīpuna i horokukū ki te whiu i te kōrero hai kapekape, hai taunu, hai whakakata, hai whakataetae hoki. Hoi anō, kai pōhēhē koutou i whiua noa ihotia ēnei kōrero i runga i te wairua whakamau, i te wheke rānei a tētahi ki tētahi. Engari i te nuinga o te wā ko tana pūtake kē ia ko te hiki i te wairua o te kaupapa, ka mutu, ko te whakahoahoa. Tērā te kōrero a Tā Tīmoti Kāretu, i tana pukapuka, i a *Mātāmua ko te Kupu!*:

> Ehara ō tātou tīpuna i te hunga kurupena, i te hunga
> whakamoroki, i te hunga whakamoke rānei i te

book. This is the unapologetic Māori world and its views, peering out into the world of light so that you may see its beauty, hear its magnificence, and die of laughter. Māori are not afraid to fling words at each other, to speak our minds, to talk about things below the hip and to reference body parts. For Māori the body parts below the hips are merely body parts and so they too are referenced in jest, just like any other body part. If you are easily offended by those things, it might pay to close this book and return it to the shelf.

But if it is something you enjoy, then read on!

THE CONTENTS OF THIS BOOK

As an introduction to the content of this book, let's ask the question, 'What is this language, *te reo kapekape*?'

It is the language of jest, banter and poking fun through tongue-in-cheek expressions that makes listeners laugh and draws people to compete to make one another chuckle. In *He Pātaka Kupu*, the word kapekape:

> Seeks to make someone angry or disconcerted so
> that you or others may laugh; words are flung in a
> competitive and entertaining spirit.

Our ancestors did not shy away from hurling words at each other to tease, to belittle, to humour, and to compete. You might assume that they threw these words at each other out of spite or anger but in most cases the purpose was to lighten the atmosphere of an occasion, as well as to be amiable. Sir Tīmoti Kāretu writes in his book, *Mātāmua ko te Kupu!*:

> Our ancestors were not the kind to repress or to
> hide their thoughts, but as soon as it sprung up
> in their minds, their hearts, their stomach or further

whakaaro, engari toko ake ana i te hinengaro, i te
ngākau, i te puku, i raro kē atu rānei, whakakupuhia
ana taua whakaaro rā, ā, tukuna ana kia rere ki tōna
wāhi tameme ai (Tā Tīmoti Kāretu, 2020, wh. 91).

Ko te kaha ai o te rere o te reo, i puta māori noa ēnei rerenga i ōna
wā me ōna wāhi. Ka taka te wā, ka whakaeketia tātau e te Pākehā,
e ōna hāhi me āna tirohanga, ā, ka whakamaniorotia tō tāua reo
me ā tātau tirohanga.
    Mātua rā, ko tā te Māori titiro ki te tinana, ki ngā mahi
whaiāipo, ki tōna taeratanga, ki te ekeeke, ki te aha ake, ki te aha
ake. Ki tā Te Wharehuia Milroy, ko tā te Pākehā me tōna hāhi,
he ūkui i te 'paru' i tō tātau ao. Hoi anō, kāore i pērā ki te Māori
– kāore i paru. Ko te āhua noa tērā o te ao, ko te tangata, ko ngā
wāhanga noa o te tinana, ā, kāore ngā whakaaro i weriweri. Ka
aroha hoki te mahi a te waiata me te harihari kai e whakahuahua
ana i ērā wāhanga o te tinana, me ērā momo whakaaro. Anei rā
tētahi pao nō roto mai i a mātou hai whakatauira:

> Kua kī taku puku
> Ko te waha kai raro
> Kai te hiakai tonu, ē!

Ko te kōrero a tētahi kuia ōku, a Peti Nohotima, i te wā i a rātau, i
ahu mai te reo i te puku Māori, ka piki whakarunga ai ki te waha.
Engari i ēnei rā, kua āhua ahu kē mai te reo i te hinengaro, ka heke
whakararo ai ki te waha. Ko te āwangawanga i roto i a au, kua
kore haere tēnei reo, ā, kāore e rangona ana i te reo o te rangatahi,
otirā, i te reo o ia rā. E whakapae ana au, i te nuinga o te wā, kua
tahuri kē tātau ki te reo Pākehā e kata ai ō tātau puku, e rere ai te
reo kapekape. He whakapae noa iho tēnei hai whakaae mai rānei,
hai whakahē mai rānei mā koutou, engari koirā tāku e kite nei i
aku hīkoinga, i aku mahi whakaako i ngā kura.

below, they shared their thoughts and sent them
to where they were desired (Sir Tīmoti Kāretu, 2020,
p. 91).

Te reo Māori was widespread so these phrases were said naturally
at various times and places. Over time as the language was
colonised by te ao Pākehā and its faiths and worldviews, te reo
Māori and Māori world views were treated with contempt.

Of note was how Māori viewed the body, its courting practices,
sexuality, copulation and so forth. According to the late Te
Wharehuia Milroy, Pākehā used religious beliefs as reason to
remove the 'dirt' from our world. However, for Māori it was
not like that — it wasn't dirty. It was part and parcel of what the
world and people were like; genitalia are parts of the body, with
no negative connotations. There is an abundance of songs, of
harihari kai, that mention those parts of the body and those ideas.
Here is one example:

> My belly is full
> But the mouth below
> Is still hungry!

One of my grandmothers, Peti Nohotima, told me that when she
was young language originated in the stomach and made its way
up to the mouth. These days, however, it originates in the mind
and makes its way down to the mouth. My concern is that this
type of language isn't regularly used by our young people or in
our everyday lives. I argue that we mostly rely on English to make
each other laugh and be cheeky — at least, that's what I've seen on
my travels and when I've been teaching in schools.

Another grandmother said that the children of today are
not well-versed in te reo when they're getting up to mischief.
Therefore, the aim of this book is to reposition te reo kapekape as

Ka mutu, i puta i tētahi kuia ōku te kōrero, kua kore ngā tamariki o ēnei rā e mōhio ki te hīanga i te reo Māori. Me te aha, ko te whāinga o tēnei pukapuka he tō mai anō i ērā kōrero me kore noa e rangona i te reo Māori o ia rā, e kata anō te puku Māori i tōna anō reo.

Kotahi noa iho pea taku whakaohiti i ēnei kōrero. Kai noho tātau ka whiu noa i ēnei kōrero ki te tangata, me te korenga ōu e whai hononga, e whai whanaungatanga rānei ki a ia. Me āta whakaaro te āhua o te noho me te horopaki. Mehemea kai te tino ōkawa te horopaki, kāore pea i te tika kia rere kau ēnei kōrero. Ka āmiki rawa pea i ētahi horopaki. Nō reira kaua e haere poka noa i roto i āu mahi me te whiu whiu haere i ēnei kōrero i ngā wāhi kāore e tika ana. He wā tōna me āhua rangatira ngā kōrero, he wā hoki tōna e pai ana kia rere tēnei momo reo. Ehara i te mea kāore i te tika kia rere ēnei kōrero i ngā horopaki ōkawa, engari me whai whakaaro koe ki te wā e tika ana, me te wā kāore e tika ana. Ka mutu, ehara i te mea ka hātakēhi te tangata i ēnei kupu noa iho. Ko te wairua kē ia o te tuku, ko te horopaki, me te āhua tonu o te tangata. Engari mā te aha i te rerenga mō tēnei wā, nē?

TE WHAKATAKOTO

Pēnei i tērā pukapuka o mua, i a *He Iti te Kupu*, ka noho mātāmua te reo Māori ki te taha mauī, ā, ka whai ai ko te reo Pākehā ki tētahi taha e whai wāhi mai ai tēnā me tēnā. Kei tēnā whārangi tōna rerenga, kei tēnā whārangi tōna, kia ngāwari ai te wherawhera i ngā kai o te pukapuka nei.

Me kī pēnei i konei, i āhua uaua tonu te whakapākehā i ētahi o ngā rerenga Māori nei. Ahakoa te reka ki te taringa Māori, ka whakapākehātia ana, hika mā! Nāwai i weriweri, ka weriweri kē atu! Nō reira, i ētahi wāhi kua mirimiria te whakapākehātanga kia pēnei ki tā te Pākehā whakaputa i ērā kōrero, hoi anō, ko te wairua o te rerenga ka mau tonu. Kai ia rerenga ōna

a language of every day again, in the hope that it is heard and that Māori can once again laugh through their own language.

I have one piece of advice, though. Don't just say these words to strangers or people who aren't relatives. You need to pay some attention to the setting as well as the context. If the occasion is very formal, it might not be appropiate to throw about these words. It might be too much in some contexts. Don't randomly go about your business and utter these phrases in places that might not be appropriate. There are times where our language should be somewhat formal and times when this laguage can flow freely. It's not that you can't use this language in formal contexts but you must be mindful about where you use it to ensure you use it appropriately. You don't automatically become a hardcase because you use this language; it depends on tone, context and the speaker. But we've all got to start somewhere — so let's look at some sentences!

THE LAYOUT

Like *He Iti te Kupu*, te reo Māori is the main language of this book and appears on the left-hand pages, followed by the English translation so it is accessible to all. Each page has its own phrase so it's easy to work through the content of this book.

It should be mentioned that it was rather difficult translating some of the Māori phrases into English. While they sound natural to a Māori ear, the moment they are translated — my goodness! They go from bad to worse! So a bit of creative licence has been used in places so a phrase will sound more natural in English, but the meaning is still intact. In these cases you will see the explanations of the phrases as well as

whakamārama me ētahi horopaki e rua e whakatauira ana i ōna whakamahinga. I whai au i tā *He Kohinga Kīwaha* whakatakoto i ngā rerenga, ā, ka uru atu ngā taiapa [pēnei] i ngā wāhi e āhei ai te tangata ki te mirimiri i ngā rerenga rā. Hai whakatauira:

[Tō] ihu!

I konei kua taea hoki te kī '[Ō koutou] ihu', '[Ō kōrua] ihu' rānei. Hai āpitihanga atu ki tēnei, kai te wāhanga whakamutunga o ia rerenga ētahi mirimiringa. Ko ētahi e āhua rite nei te takoto o te reo, ko ētahi he rerenga kē, engari ko taua wairua tonu.

HE WHĀNAU REO MĀORI

Mokori au i taku whakapakeketia i tētahi whānau reo Māori, ka mutu, i kaha te rere o te reo kapekape i waenganui i a mātou. I reira ka āta whakaaro ake au ki te āhua noho o ngā whānau, ki ngā taukumekume, ki ngā whakatoi, ki ngā taunu, ki te aha atu, ki te aha atu. I konā, ka whakatau au kia hāngai tēnei pukapuka ki te whānau me ōna momo e rongo ai te tangata i tērā noho me te rere o te reo i te horopaki o te whānau. Nō reira, anei ngā tāngata o te whānau o tēnei pukapuka e whai ake nei. Ka mutu, kāore e kore kai tēnā whānau, kai tēnā whānau ngā tāngata e hanga rite ana ki ēnei.

NGĀ MĀTUA

Ko Moana te whaea o te whānau. He tītī huatahi ia i tōna ake whānau. He tonotono, engari he wahine ngākau māhaki.

Ko Rangi te matua o tēnei whānau. He tangata noho puku, engari he pukumahi. Tokotoru ōna tuāhine, kotahi tana teina.

two examples showing the phrase in use. I have followed the style of *He Kohinga Kīwaha*, where interjections such as [these] are placed in areas where you can change the wording. For example:

[Tō] ihu!

Here you could also say '[Ō koutou] ihu', or '[Ō kōrua] ihu'. In addition, at the end of each entry there are variations of the phrase. Some will follow a similar pattern and others will be different, but they are similar in nature.

A MĀORI-SPEAKING FAMILY

I was fortunate to have been raised in a family that speaks te reo Māori and where the language of tongue-in-cheek is rife. When I wrote this book I thought about the smart alecs in families, the arguments, the belittling that goes on and so on. I decided that it would be good for a family and its characters to be the focus of this book so that readers can experience that setting and how the language flows in the context of a family. So, I have created a family that will guide you through this book — they will show you how this cheeky language can be used in everyday life. No doubt there will be similar characters in all whānau!

THE PARENTS

Moana is the mother of the family. She is an only child in her own family. She is a bossy but kind woman.

Rangi is the father of the family. He is a quiet and hard-working person. He has three sisters and one younger brother.

NGĀ PĀPARA ME NGĀ KŌKARA

He waha papā a *Hēni*. Kaua e tukuna ō kōrero huna ki a ia kai mōhio katoa te ao.

He wahine hātekēhi a *Hera*. Me kī, he wahine atamai. Ki te whakatoi te tangata i a ia, kua awe tana urupare i ngā kōrero, ā, ka mīia tonutia ō tarau.

He rite nei a *Peti* ki a Hera. Ko rāua rāua. Engari kaua e whakahōhā i a Peti, kai awe tana kohete atu.

He tou kikī a *Rāwiri*. Ahakoa tana whai rawa, e kore ia e haute, e aha rānei.

NGĀ TAMARIKI A MOANA RĀUA KO RANGI

Ko Tama te mātāmua. He whakaputa mōhio i ōna wā. E pōhēhē ana ia ko ia te puna o te mōhio.

He whakaparana a *Hine*. He kōpara kai rērere, ā, kāore e noho tau me te tāne kotahi, engari i ia marama, he tāne kē.

He whakaputa mōhio hoki a *Aroha*. Kāore e nama te kōrero i a ia. Ka mutu, he ngutu kau. Ngā kī taurangi katoa ka puta i a ia ka noho taurangi tonu.

Ko *Atawhai* te whakapākanga o te whānau. He rawe ki a ia ngā mahi hākinakina. Kāore e nama te kōrero i a ia.

HAI WHAKAKAPI

Hoi anō, me kī ake rā au i konei, he pukapuka āwhina noa iho tēnei i tō hīkoinga reo Māori. Ki konā koutou pānui mai ai i ngā kōrero nei, engari ki te kore e kōrerohia, he aha te aha. Ko te kōrero a Te Wharehuia Milroy, 'Whakahokia mai te reo i te mata o te rehu i ringa ki te mata o te arero.' Kai reira katoa ōku whakaaro e haere ana. Pēnei i tēnei pukapuka, ki te kore te reo e whakamahia, ka noho, ka noho, ka tau te puehu ki runga i a ia, ka tū ai hai poupou mō te whare o te pūngāwerewere.

THE UNCLES AND AUNTIES

Hēni is a loudmouth. Don't divulge your secrets to her for fear of the world finding out.

Hera is a hardcase woman. She is witty. If you get smart to her she is quick to respond and make you pee your pants from laughter.

Peti is similar to Hera. They are like twins. Don't annoy Peti as she is quick to growl.

Rāwiri is a tightarse. Despite being well-off, he never pays for anything for anyone.

MOANA AND RANGI'S CHILDREN

Tama is the eldest. He can be a know-it-all at times. He assumes that he is the fount of all knowledge.

Hine is a show-off. She always jumps about and can never settle with one guy, she usually has a different flavour for each month of the year.

Aroha is a know-it-all. She has an answer for everything. She's also a hypocrite. Her promises are always unfulfilled.

Atawhai is the youngest of the family. He loves sports. He always has an answer for everything.

CONCLUSION

Remember, this book is just one of many resources on your te reo Māori journey. You can spend all the time in the world reading it, but if you do not verbalise what you've read, then it will be to no avail. As Te Wharehuia Milroy once uttered, 'Return the language from the tip of the pen to the tip of the tongue.' I absolutely agree. Much like this book, if te reo Māori is not spoken, then over time dust will settle on it and it will become merely a post for a spider to hang its house on.

Kāti hā, ka nui tērā mō tēnei wā, e hika mā. Ki te hoe!

Ko aua mihi anō rā,
nā Hona

NGĀ RAUEMI

Ka aroha te mahi a te rauemi i āwhina mai i tēnei tuhinga āku.
E mihi ana ki ngā rauemi e whai ake nei, i noho mai ai hai puna
whakatōtō mō te pukapuka nei.

But that's enough for now, everyone. Let's get started!

Yours sincerely,
Hona

RESOURCES

A number of resources were used while writing this book. I give thanks for having access to these materials.

Jacobs, H., *Mai i te Kākano*. Te Wānanga o Raukawa, 2012.

Jacobs, H., *Te Rito*. Te Wānanga o Raukawa, 2017.

Kāretu, T. and Milroy, W., *He Kupu Tuku Iho: Ko te Reo Māori te Tatau ki te Ao*. Auckland University Press, 2018.

Māori Language Commission, *He Pātaka Kupu: Te Kai a te Rangatira*. Raupo, 2008.

Māori Television, *Whakataukī*. Television series: https://www.maoritelevision.com/shows/whakatauki

Mason, T., Jacob, H. and Milroy, T.W., *He Kohinga Kīwaha*. Te Taura Whiri i te Reo Māori and Reed Publishing (NZ) Ltd, 1999.

Mason, T.H., *Anne Frank: Te Rātaka a Tētahi Kōhine*. He whakamāoritanga. Te Pūtahi Urupatu o Aotearoa, 2019.

Moko-Mead, H. and Grove, N., *Ngā Pēpeha a ngā Tīpuna*. Victoria University Press, 2003.

Moorfield, J.C., *Te Aka: Māori Dictionary*. https://www.maoridictionary.co.nz (2003–2022).

1

A runga

Ka aroha hoki te mahi a te kupu, a te kīwaha, a te rerenga Māori e hāngai ana ki tēnā, ki tēnā wāhanga o te tinana, ā, ehara i te hanga ake! Hai whakaupoko i ngā kai o te pukapuka nei, e tika ana kia tīmata ki runga, ka heke whakararo ai.

Ko runga o te hope e kōrerohia ana i konei — ko ngā kōrero mō te upoko, mō te hinengaro, mō te waha, mō ngā ringaringa, tae noa atu ki te puku. I te nui o ngā kōrero mō raro o te hope i whakaaro ake ai au he pai pea kia wānangahia ngā kōrero mō runga rawa i te tuatahi kia waia ai tātau i mua i te ruku i ngā kōrero mō raro. Ko ētahi he kīwaha, ko ētahi he kupu whakarite, ko ētahi he kīanga.

Ko te aronga i tenei pukapuka ko te kapekape. Me te aha, kāore e kitea ngā kōrero whakarangatira i konei, e hoa mā — kai pukapuka kē ērā momo kōrero. Engari kai pōhēhē te kaipānui e hāngai anahe ana *Te Reo Kapekape* ki te whakaiti i te tangata. E hē.

He mea whiu ēnei kōrero hai whakareka, hai whakatoi, hai whakakōrero i te tangata, otirā, hai hiki i te wairua. Ko ētahi nō te

1
Above the hip

There is a plethora of words, idioms and phrases in te reo Māori that relate to the various parts of the body. In putting this book together, I consider it appropriate to begin above and then work our way down.

When we say above, we mean above the hip — things concerning the head, the mind, the mouth, the hands, all the way down to the stomach. I see this as a 'warm-up' before we dive down to the overabundance of words and phrases for things below the hip. Some are idioms, some are similes and others are phrases.

The specific focus in this book is on tongue-in-cheek language. As a result you won't find much in this publication that ennobles and pays respect to people — you can find that in other books. However, *Te Reo Kapekape* is not simply about belittling people.

These phrases are said with the intention of getting smart and inviting people to reply in a like manner to uplift the mood. Some are old phrases, others are new, and some of them I have heard

ao tahito, ko ētahi nō te ao hurihuri, ā, ko ētahi i rangona noatia nōku e takahi ana i te whenua, ka whakaaro ai, 'Ka mutu pea tēnā rerenga.' Ko ētahi e rangiwhāwhā ana, ko ētahi kāore pea i te mōhiotia whānuitia. Kai a koutou te tikanga me pēhea tō ako i ēnei kōrero. Mehemea ko tētahi rerenga i ia rā, ko tētahi rerenga rānei i ia wiki. Ko te mea nui kē ia, ko te mārama pai ki ngā tikanga me ngā whakamahinga o ngā rerenga nei, ka mutu, ko te whakaurungia o ngā rerenga nei ki te reo o ia rā, o ia rā.

Kia tahuri tātau ināianei ki te wānanga i ngā kai o runga o te hope, ka tīmata ki runga rawa.

throughout my life and thought, 'Those are great phrases.' Some are widespread and others not so much. It's up to you how you would like to learn these phrases, whether it's a phrase a day or a phrase a week. The main thing is that the phrases and their usage are understood, and you integrate them into your daily usage of te reo Māori.

Let's explore the content concerning things above the hip, beginning at the very top.

He roro hipi

Ki te whakamahia te kupu whakarite nei, he kōrero mō te muhu, mō te tangata rānei ka mahia e ia tētahi mahi mutunga mai o te heahea. Ka whai te hipi i te hipi me te kore e āta whakaaro ki te aha. Kāore hoki he hipi i te wā i ngā tīpuna, nō reira nō te ao hou tēnei rerenga.

E kite nei tātou, ehara te iwi Māori i te iwi aroha nui ki te hipi (pēnei i ngā kōrero a ngā mea o Ahitereiria), he kaha whakaiti nā tātau i ōna roro. He kupu whakarite tēnei me whiu ki te tangata ka mahia ana e ia tētahi mahi rorirori ake nei, rorirori ake nei.

Moana: Auē! Nā wai rā te kapu tī nei i mahi?
Hēni: Nāku tonu, he aha ai?
Moana: Tō roro hipi, Hēni. He tote kē a roto nei!
Hēni: Kaitoa! I mea atu au ki a koe kia kaua e tata te huka ki te tote.

Hera: Ko wai te roro hipi i waiho kia kā ngā rama o te motokā? Kua kore e haruru.
Rāwiri: Ehara i a au. Nā te karukaru kē pea rānei o tō waka i pērā ai?

Ētahi mirimiringa
He roro paukena
He upoko kōura
He roro kau

A sheep's brain

Using this simile and referring to someone as having a sheep's brain likens them to being uneducated and acting like a fool. Sheep follow each other without thinking much of it. Our ancestors did not have sheep, so this simile is modern.

This simile indicates that Māori aren't sheep-lovers (as many Australians like to say) as they don't think sheep are particularly smart. This simile should be thrown to someone who does something that is the absolute epitome of stupidity.

Moana: Geez! Who made this cup of tea?
Hēni: I did. Why?
Moana: Hēni, you sheep's brain. It has salt in it!
Hēni: Good job! I told you not to put the salt near the sugar.

Hera: Who's the sheep's brain that left the car lights on? It won't start now.
Rāwiri: It wasn't me. Or it might just be because your car is run-down.

Variations
A pumpkin brain
A crayfish's brain
A cow's brain

He upoko mārō
He nui ngā whakamahinga o te kupu whakarite nei. I ōna wā he mihi ki te tangata e karawhiu ana i tana kaupapa, ahakoa ngā whakatakē a ētahi. He kupu whakaiti hoki i te kakī mārō, i te tangata kāore e whakarongo. Ka mutu, he wā hoki ōna ka whiua ki te tangata pukukino. Hoi anō, i ngā horopaki kapekape, ko te whakaiti, ko te whakatoi te wairua o te kupu whakarite nei.

Moana: Tētahi upoko mārō ko koe, e Rangi. Tēnā, ki te hē koe, me whāki ō hara.
Rangi: Nōku ōku whakaaro. Nōu ōu.
Moana: E hoa, e. Ā kāti, hoea tō waka, e te whakaputa mōhio.

Hine: Tērā kutu, a Tama. Te mutunga mai o te upoko mārō.
Aroha: Kōrero! I pōhēhē au ko au anahe i tērā whakaaro e haere ana.
Hine: Kuuuuua roa ia e pērā ana.

Ētahi mirimiringa
He kakī mārō
He taringa kōhatu/pākura

Pig-headed, stubborn

This simile has a number of uses. At times it is used as a compliment for one who is determined, despite the disapproval of others. It is also used to belittle someone who is stubborn and won't listen. Additionally, it is sometimes said to a bigot. However, in the context of giving tongue-in-cheek, this simile is used to belittle and get smart to someone.

Moana: You're so pig-headed, Rangi. If you're wrong, just admit it.
Rangi: I have my thoughts and you have yours.
Moana: Oh for goodness' sake! Oh well, go on then, row your boat, you know-it-all.

Hine: That little lice, Tama. He's the epitome of stubbornness.
Aroha: I know! I thought I was the only one who thought that.
Hine: He's been like that since waaaay back.

Variations
Unyielding
Deaf ears

He kanohi kai rēmana

He rite tonu te kiriweti o te kanohi kai rēmana, ānō nei e whakatinana ana rātou i te kawa o te rēmana. I ahu mai i tērā kōrero i te ao Pākehā mō te kanohi kiriweti, ā, nāku noa iho i whakamāori. I te nuinga o te wā, he ngutu komekome te tangata nei, ā, he riri kurī noa iho ki te tangata, ki te kaupapa rānei. Pai mai, kino mai, kua waia noa iho ki te komekome. E mōhio katoa ana tātou ki tēnei momo. Ka kite ana koe i tōna kanohi, ānō nei kua pau i a ia tana rēmana, ā, kua āhua toka tērā kopakopa i tana kanohi.

Atawhai: Tō tuahine, e Tama. Ao te pō, pō te ao, e puku ana te rae.
Tama: E mea ana koe! He kanohi kai rēmana.
Atawhai: Ehara!

Hera: Ha! Kātahi anō au ka tae mai kua tahuri kē koe ki te tuhatuha mai.
Rāwiri: Me tuhatuha ka tika.
Hera: Mēnā he whakataetae mō te kanohi kai rēmana, ko koe a runga.

Ētahi mirimiringa
He pukukino
He tangata tuhatuha

Sucks on lemons — a sour face

Someone who sucks on lemons always looks grumpy, as though they have personified the sourness of the lemon. I have simply translated the well-known English phrase that describes a person who's grumpy or in a negative mood. In most cases this person is a nit-picker and often gets sulky at people or because of an issue for no good reason. Whether it's good or bad, this person is always fault-finding. You all know someone like this. When you see this person's face, it's as if they've just finished eating a lemon and the wrinkles in their face have become permanent.

Atawhai: Your sister, Tama. Day and night, she's always grumpy.
Tama: Hell yes! She's always sucking on lemons.
Atawhai: Indeed!

Hera: Ha! I've only just arrived and you're already complaining about me.
Rāwiri: I've got good reason to complain.
Hera: If there was a competition for sucking lemons, you'd win for sure.

Variations
Bad-tempered
A critic

Te tū mai hoki o [te] ihu
Whiua ai tēnei kīanga ki te tangata whakatarapī, ki te tangata
whakahīhī me ōna whakaaro whakakake. Ka pōhēhē te tangata
nei ko ia te tangata o ngā tāngata. Whakamahia tēnei rerenga ki te
whakaiti, ki te kapekape rānei i tētahi tangata e whakatarapī ana.
E hāngai ana tēnei ki te tū o te ihu o te tangata.

Hine: I kite rānei koe i a Hēni?
Aroha: Āe, engari kāore i mihi mai.
Hine: E kī rā? Te tū mai hoki o te ihu!

Rangi: Te tū mai hoki o tō ihu! Kāore koe e rata mai ki aku kai?
Moana: E hē. Ko te mutunga mai o te kounga, Gordon Ramsay …
Rangi: Tō tene! Arā te pata me te tiamu ki te kore koe e rata mai.
Moana: Kāore koe e pāmamae ki te kai pērā au?

Ētahi mirimiringa
Kai tū tō ihu!
Kua tū tō ihu?

Turning up the nose, what a snob
This phrase is said to a person who is conceited, arrogant or thinks they're above others. They think they are the bee's knees. You can use this phrase to belittle someone or entice a response if you think they are acting superior or arrogantly. This has the same connotations as 'turning up one's nose' at something.

Hine: Did you see Hēni?
Aroha: Yes, but she didn't say hello.
Hine: Is that so? What a snob!

Rangi: What a snob! Are you turning up your nose at my food?
Moana: I would never! It's the absolute epitome of excellence, Gordon Ramsay …
Rangi: Up yours! There's the butter and jam if you don't like it.
Moana: You won't get offended if I eat that instead?

Variations
Don't turn up your nose!
Are you being a snob?

[Tētahi] whakaputa mōhio ko [koe]

Kai tēnā whānau, kai tēnā hapū, kai tēnā hapori ōna whakaputa mōhio. He hōhā tēnei hunga i ōna wā, ā, e pōhēhē ana rātau ko rātau te puna o te kī, o te mātauranga, o te mōhio. Kāore rātau e noho puku, engari he kōrero a rātau ahakoa te kaupapa kōrero. Ki te puta he pātai, he whakapae rānei, kua awe tā rātau whakaputa i tō rātau mōhio katoa. Ahakoa kotahi te waha, e rua ngā taringa, kua pōhēhē pea te tangata e rua kē ngā waha, kotahi kē te taringa. Kāore e nama te kōrero i a rātau.

Aroha: Tētahi whakaputa mōhio ko koe. Engari kāore tonu i puta tō ihu i tō whakamātautau.
Tama: Te kōrero a te tangata i toru ana whakamātau raihana.
Ka tahi, ka rua, ka toru, kātahi rawa ka puta te ihu. Te hia kore i whakamā!

Rangi: Mahue tana whiu i te pōro ki te parirau!
Rāwiri: He koretake te topatahi rā. Me tango i te whīra.
Moana: Ētahi whakaputa mōhio ko kōrua. Kai te whīra rānei kōrua e tākaro ana? Kāore.
Peti: He harawene pea nō ngā pukunati nei ki te kaitā o te topatahi rā, Moana.

Ētahi mirimiringa
Tō mōhio hoki
He tiko hawa

[You're] such a know-it-all
Every family, every subtribe and every community has their
know-it-alls. They can be irritating at times and they assume
they are a source of all knowledge and wisdom. They never sit
in silence and will always have something to say regardless of
the topic of conversation, always quick to voice their opinion and
expertise. Despite having one mouth and two ears, you might
think that they have two mouths and one ear because they have
an answer for everything.

Aroha: You're such a know-it-all but you still didn't pass your
exam.
Tama: Said by someone who sat their driver's licence three times.
Once, twice, no, three times and then you finally passed. Shame!

Rangi: He should have thrown it to the wing!
Rāwiri: That first-five is useless. They should take him off the
field.
Moana: You two are just know-it-alls. Are you two on the field
playing? I didn't think so.
Peti: These roly-polies are just jealous of how good looking that
first-five is, Moana.

Variations
Don't you just know it all
A know-it-all

Kāore e nama te kōrero
He kīwaha tēnei e rite ana tōna wairua ki te whakaputa mōhio,
ā, he whakautu, he kōrero hoki āna, ahakoa te kaupapa. Ki te
whiua te pātai, ko tōna ringa te tuatahi ka tū i te akomanga, ko
tōna waha, ko ōna whakaaro ka rangona tuatahitia. I ōna wā, ko te
hoa haere o tēnei ko te tini me te mano o ngā pātai. He hōhā tēnei
momo, ā, kāore rātau e mōhio ko hea ngā wā me kopi te waha. He
wā hoki tōna ka whiua tēnei ki te tangata atamai e wawe ana ki te
whakautu kōrero.

Hēni: He whakaputa mōhio te wahine rā. Kāore e nama te kōrero
i a ia.
Aroha: E mea ana koe! Ana, kua tū anō te ringaringa me ana rua
kapa.
Hēni: Kōrerohia tō hoa, Aroha.

Hēni: Me heu tō poho, Atawhai. Me he makimaki kātahi anō ka
heke i te rākau.
Atawhai: Kua kite rānei koe i tō pāhau? Ko koe kē me heu, e kui.
Ka aroha ngā manuhiri i te wā o te hongi.
Hēni: Tō tero! Kāore e nama te kōrero i a koe, nē?

Ētahi mirimiringa
He whakaputa mōhio
He ngutu huia

Has an answer for everything

This idiom has a similar meaning to 'know-it-all' and is for a person that has an answer or an opinion on everything, regardless of the topic. If a question is asked they are the first in class to raise their hand and their opinion and mouth are the first to be heard. To make things worse, they're often also the type of person who asks a million questions. This type of of person can be annoying as they don't know when it's time to be quiet. It can also be used for someone witty who is quick to respond.

Hēni: That woman is a know-it-all. She has an answer for everything.
Aroha: You're telling me! Look, her hand is up again to put in her two cents' worth.
Hēni: Go talk to your friend, Aroha.

Hēni: Shave your chest, Atawhai. You're like a monkey that just came down from the tree.
Atawhai: Have you seen your beard? You're the one that needs a shave, you old woman. I feel for the visitors during the hongi.
Hēni: Up yours! You have an answer for everything, don't you?

Variations
A know-it-all
A blabber mouth

[Kōrua] ko [ō] ngutu komekome
He rite te wairua o tēnei rerenga ki ērā kupu whakarite mō te
ngutu huia, mō te ngutu kuia hoki. Nā, kāore au i te mōhio he aha
i kīia ai te tangata pērā he ngutu kuia, i te mea hoki he nui ngā
mea tāne e pērā ana. Hoi anō, ko te tikanga ake o te rerenga nei
kai roto i te kupu nei, i te 'komekome' — he tangata komekome.
Whiua ai tēnei kōrero ki tērā momo, ahakoa pai mai, kino mai, he
komekome te mahi.

Hine: Āhua maroke tēnei kaupapa. Mahue taku noho ki te kāinga.
Tama: Kōrua ko ō ngutu komekome. Ki te kore e pai ki a koe, e
hoki.
Hine: Hika, kia kāmu te pāmu.

Rangi: I tono au kia tunua anō taku mīti. Kāore i maoa.
Hera: Kōrua ko ō ngutu komekome, Karen. He tangata tikanga-
kore.
Rangi: Ki te kore e tika te kounga, me whakahoki. Ko au tonu kai
te utu, nē?

Tētahi mirimiringa
Komekome atu, komekome mai

[You] and [your] moaning lips

This phrase is related in meaning to the simile for a 'talkative person' and a 'gossiper'. I'm not sure why these types of characters are referred to as as having lips like an old woman as there are plenty of males of similar ilk. However, the key word in the phrase is 'moaning' — so it's about a person who always moans. Therefore, this phrase is said to those who, no matter how good or bad something is, find a reason to bicker.

Hine: This is boring. I should have stayed home.
Tama: You and your moaning lips. If you don't like it, start walking.
Hine: Wow, calm the farm.

Rangi: I asked for my meat to be cooked again. It wasn't cooked.
Hera: You and your moaning lips, Karen. You have no manners.
Rangi: If it's bad quality, it should be returned. I'm paying for it, aren't I?

Variation
Constantly complaining

He porohaurangi
He mōhio pea koe ki tētahi tangata e reka ana ki ōna ngutu te
huka o te pia, o te waipiro. Whiua ai tēnei kōrero ki te tangata
kaha ki te taki inuinu, haurangi ana, whāia kua kanikani ki
te tēpu, kua whakaheahea noa iho. Ka tahi inu, ka rua inu, ka
toru inu, ka hinga ai! Ko ētahi ka haere kurī noa iho ki te whai
whakareka mā rātau, me te kore e āta whakaaro ki tua o te ai.

Hera: Kia ora, e keo! Tēnā, whakakīa taku karāhe!
Moana: Kua whakakīa kētia, e keo. Kai mua kē au me aku karāhe
e toru e haere ana. Kia kakama!
Moana: Hika. Tētahi porohaurangi ko koe!

Peti: Rāwiri, me mutu tō porohaurangi haere i a koe. Kua tautau
haere tō puku.
Rāwiri: I kī taurangi kē au ki taku hoa kua mutu rawa ērā mahi.
Peti: Ana, kua mau koe i tō rūkahu. I kite au i tō waka i waho i te
pāparakāuta inanahi rā.

Tētahi mirimiringa
Kua warea ia e te waipiro

An alcoholic, drunk

You might know an alcoholic whose lips love the froth of a beer or the taste of alcohol. This word is used for someone who constantly drinks, who gets drunk, then suddenly, they are dancing on the table and being an idiot. One drink, two drinks, three drinks, floor! Some aimlessly look for someone to spend the night with without thinking of the consequences.

Hera: Hey, girl! Fill up my glass!
Peti: I've already filled it up, girl. I'm three glasses ahead of you. Come on, catch up.
Moana: Hell. Talk about an alcoholic!

Peti: Rāwiri, you need to stop being a drunk. You've got a beer gut.
Rāwiri: I already promised my partner that I've finished that for good.
Peti: Ha, caught out by your own lie. I saw your car parked outside the pub yesterday.

Variation
Preoccupied with alcohol

Mō te kutukutu ahi!
He kōrero tēnei mō te tangata ngutu kau, hōhonu ana te kakī,
pāpaku ana ngā uaua. Kāore te tangata nei e whakatinana i ana
kōrero, engari he kimikimi noa iho. Ko te kīwaha te hoa haere i
konei, hoi, he nui ngā mirimiringa e taea ana. Ko te roanga ake o
tēnei kōrero e pēnei ana, 'Mō te kutukutu ahi, kāore he painga i a
koe.' Hoi anō, e pai ana kia whakawhāitihia ki te rerenga nei.

Rangi: Mō te kutukutu ahi, kāore he painga i tō tuakana, i a Hēni!
Hera: Nē? I aha?
Rangi: I mea ia nāna tana waka i hoko ki āna ake moni. Kāore, nā
tana tāne tuaaha kē nei.

Rāwiri: Māku te tangata rā e kōrero!
Hera: Mō te kutukutu ahi! Ko te waipiro tērā e kōrero ana. Ao ana
te ata, kua whiore hume.
Rāwiri: Taihoa koe e kite, e Hera. Taihoa koe e kite.
Hera: Āe. Kia hoki mai anō rā pea te Karaiti.

Ētahi mirimiringa
He kakī hōhonu
He kōrero ahiahi

One to talk rubbish!

This phrase is about someone who pays lip service, who has a lot to say, but never puts their words into practice. This person never walks the talk and they talk a load of rubbish. There are multiple variations of this idiom you could use. The extended version of this saying is, 'When it comes to talking rubbish, you're a pro.' But it's fine to simplify this phrase.

Rangi: When it comes to talking rubbish, your sister Hine is a pro.
Hera: Really? What happened?
Rangi: She reckons she bought her car with her own money. But no, it was her latest partner that bought it.

Rāwiri: I'll talk to him.
Hera: What a load of rubbish! That's the alcohol talking. When the sun rises, you'll cower.
Rāwiri: Wait and see, Hera. Wait and see.
Hera: Okay. Maybe for the second coming of Christ.

Variations
All talk
An exaggeration

He rite ki te pou te turi
He kīanga tēnei mō te taringa kōhatu, mō te taringa mārō,
ā, kua āhua koroua nei ōna taringa, kua pūwharawhara. E
whakaritea ana te turi o te tangata ki tērā o te pou. He rite nei tō
kōrero ki te tangata nei ki te pou, kāore he aha, kāore e aro mai.
I ahu mai tēnei kīanga i te reo Pākehā, engari he mea nanao te
whakamāoritanga i tā Te Haumihiata Mason whakamāori i te
Anne Frank: Te Rātaka a Tētahi Kōhine.

Moana: Anei. Whātuia ēnei kaka.
Rangi: He aha?
Moana: Kātahi rā! He rite ki te pou te turi. Tēnā haere kia
whakamātauria ō taringa!

Hera: Me huri matau i konei!
Rāwiri: Me huri mauī?
Hera: Matau. Matau. Matau! Kai te rongo mai koe? Auē, he rite ki
te pou te turi.

Ētahi mirimiringa
He taringa kōhatu
He taringa maitai

Deaf as a post

This phrase is for someone who is hard of hearing or stubborn, someone whose ears have aged and become deaf. It compares their ability to hear and listen to that of a post. Speaking to them is like talking to a piece of wood: you get no response. This phrase originates in English; my translation is taken from Te Haumihiata Mason's translation of *Anne Frank: Diary of a Young Girl*.

Moana: Here you go. Fold these clothes.
Rangi: Sorry, what?
Moana: Far out! As deaf as a post. Go and get your ears checked!

Hera: Turn right here!
Rāwiri: Turn left?
Hera: Right. Right. Right! Can you hear me? Gosh, deaf as a post.

Variations
Ears of stone
Ears of metal

He turaki wawata
Kāore e kore he hoa tō tēnā, he hoa tō tēnā, ahakoa ka puta i a
ia tētahi kōrero, mō te whakatutuki, auare ake. Ka puta i a ia te
kōrero ka pēnei ia, mea rawa ake kua pērā kē. Hai whakatauira, ka
pōhēhē ngā hoa ka tae atu tētahi ki tētahi kaupapa, engari ko tāna
he turaki kē i ō rātau wawata. Whiua tēnei kīanga ki te tangata
ngutu kau, ā, ka noho taurangi ana kī.

Rāwiri: Ka kite atu i a koe āpōpō ki te whare hākinakina.
Moana: Tētahi turaki wawata ko koe, Rāwiri. Kāore koe e tae atu.
Ko au me taku kotahi i te ata nei.
Rāwiri: Pono, ka tae atu ahau. Kua oti kē te whakarite i taku
paoho waea.

Hine: He Hapanihi tā tātau kai i te pō nei, Pāpā?
Rangi: Hai āpōpō pea, nē?
Hine: Tētahi turaki wawata! I kī taurangi koe ki te oti pai i a mātau
ā mātau mahi, ka hautehia he Hapanihi mā mātau. Rūkahu!

Ētahi mirimiringa
He ngutu kau
He arero teka

A build-up
No doubt you have friends who, no matter what they say, when
it comes to putting their words into practice, they're a no-show.
They say one thing but don't follow through. For example, friends
might expect someone to attend an event and he or she builds up
expectations but doesn't turn up. Use this phrase on someone who
doesn't follow through on their promises.

Rāwiri: I'll see you at the gym tomorrow.
Moana: You're such a build-up, Rāwiri. You won't show. You left
me there by myself this morning.
Rāwiri: Straight up, I'll be there this time! I've already set my
alarm.

Hine: Are we going to have Japanese food tonight, Dad?
Rangi: Tomorrow maybe, okay?
Hine: You're such a build-up! You promised that if we finished
our work you'd shout us Japanese food. Liar!

Variations
Mere talk, empty promises
A liar

Te kumeroa o te kumeroa

Mehemea e hiahia ana koe kia oti wawe tō kaupapa, kaua e tukuna tēnei momo kia kōrero. Ka tīmata pea ki te kaupapa, ā, ka tere haere ki ngā rangi tūhāhā, ka kōrerohia ngā whakapapa ki a Io rā anō, mea rawa ake, kua rongo koe i te mapumapu o tēnā, o tēnā i te whare i runga i te hōhā. I ētahi wā kāore e tareka e tātau te pēhea, me waiho kia haere. Engari, koinei te tangata tino mōhio ki te kumeroa i ana kōrero, ā, koia i kīia ai ia te kumeroa o te kumeroa.

Rāwiri: Tihei mauri ora!
Peti: E kare! Nā wai ia i tuku kia kōrero? Kua papatahi taku tou ināianei.
Hera: Ehara! Kai te rongo kē au i te mamae o taku tou. Ko ia te kumeroa o te kumeroa.

Tama: Auē. He roa tonu ngā kauhau a te pirihi, nē?
Atawhai: Āe, mahue te whakarite pere, pēnei i Ngā Manu Kōrero.
Tama: Tiiiika! Kumeroa o te kumeroa!

Ētahi mirimiringa
E kī ana te puku i te kōrero
Nāwai i kumeroa, ka kumeroa kē atu

One who goes on and on

If you would like an event to finish promptly, don't allow this sort of person to speak. They might begin on topic, but they quickly go off course, up to the heavens, and then speak about the genealogy all the way from God, and next thing you know you can hear people sighing out of annoyance. Sometimes we can't really do much and we should just let them speak. This person is an expert at dragging out their speech, so they are labelled as someone who goes on and on.

Rāwiri: Tihei mauri ora!
Peti: Oh no! Who let him speak? I'm gonna get a flat arse now.
Hera: I reckon! I can already feel my arse getting sore. He always goes on and on.

Tama: Far out. That priest's sermon is going forever, aye?
Atawhai: Yeah, we should have organised a bell like at Ngā Manu Kōrero.
Tama: Truuuue! He always goes on and on!

Variations
He is full of talk
It's going from long to even longer

Kāore kē nei [ōna] paku [roro]
He kōrero whakaiti, he kōrero whakatoi hoki tēnei i te māhunga
wai, i te roro paukena, i te upoko kōura. E kī ana te kōrero
nei, kāore he paku roro o te tangata nei. Hoi anō, e pai ana te
whakakapi i te kupu 'roro' ki te kupu e hiahiatia ana e koe kia
hāngai ai ki tō horopaki, e kī nei kāore ōna paku aha nei.

Hera: Ka nui ngā whakamoemiti a te whānau ki te atua mōu,
Moana.
Moana: Nē? He aha ai?
Hera: I moea e koe tō mātou tungāne, a Rangi. Ahakoa te pai o te
ngākau, kāore kē nei ōna paku roro. Ka aroha hoki koe.

Aroha: I kite rānei koe i ngā kaka? I meatia e tō tuahine, e Hine, he
whakatoki me ngā kaka. Mea rawa ake, kua mā katoa.
Atawhai: Ka oti he pukapuka i ngā mahi heahea a tēnā. Kāore kē
nei ōna paku roro.

Tētahi mirimiringa
Kāore kē nei ō paku [roro]

[That one] has next to no [brains]
This phrase is used to belittle and give cheek to someone whose head is full of water and mush, and a bit lacking in the brain department. However, you can replace the word 'brain' with anything else that someone might be lacking.

Hera: Our family gives thanks to God for you, Moana.
Moana: Really? Why's that?
Hera: You slept with our brother, Rangi. Although he has a kind heart, he has next to no brains. You poor thing.

Aroha: Did you see the clothes? Your sister Hine added bleach to our clothes. Next minute, all our clothes are white.
Atawhai: We could write a book about all the stupid things she's done. She has next to no brains.

Variation
You have next to no [brains]

[Tētahi] [tangata] te puku!
E mōhio nei tātau ki tētahi tangata ko ia te mutunga mai o te
teka, o te ngutu kau, o te whakamōmona rānei i ana kōrero me
ana mahi. I ōna wā he whakatoi noa iho te wairua o ngā kōrero
ka puta i a rātau, engari i ētahi wā, e tino whakapono ana tēnei
hunga ki ā rātau ake teka. Nō reira, me whiu tēnei kōrero ki
tērā momo. Engari, ehara i te mea e herea noa ihotia ana ki tērā
momo. Ki te puta noa tētahi kōrero teka, whakatoi rānei, ā kāti,
karawhiua te rerenga nei kia rongo ai rātau i te haunga o te teka e
puta mai ana i ō rātau waha.

Moana: Ko wai te pōkokohua nāna te keke whakamutunga i kai?
Rangi: Ehara i a au.
Moana: Tētahi tangata te puku! Kai te kite au i te tiakareti i ō
ngutu!

Atawhai: Auē. Kua pau taku hau i te nui o ngā mea wāhine e
whaiwhai ana i a au.
Tama: Tētahi tangata te puku. Ko wai te tangata ka pīrangi ki te
makimaki pēnā i a koe.
Atawhai: Engari anō te makimaki i te arewhana.

Ētahi mirimiringa
Tētahi kōrero te puku!
Kai te kimikimi noa iho

[You're] so full of it!
We all know someone who talks absolute nonsense, who pays lip service or exaggerates their stories or deeds. In some instances their words are said in jest, but at other times they believe the nonsense coming out of their mouths. So, this is a good phrase to throw at them. It's not limited to those kinds of people, though. Use this versatile phrase for anyone who talks nonsense or gets smart, so they can smell the rubbish coming out of their mouth.

Moana: Who's the bugger that ate the last piece of cake?
Rangi: It wasn't me.
Moana: You're full of it! I can see the chocolate on your lips!

Atawhai: Gosh, I'm exhausted by the number of women chasing after me!
Tama: You're so full of it. What type of person would want a monkey like you?
Atawhai: A monkey is better than an elephant.

Variations
You're talking nonsense!
Full of hot air

He ngutu kapetau
Ki te mōhio koe ki tētahi tangata ngutungutu (ka mōhio katoa tātau ki tētahi), he kōrero tēnei mō rātau. Ki tā *He Pātaka Kupu*, whiua ai tēnei kōrero ki te tangata 'ka kōrero tonu, ka kōrero tonu, ka tere tonu rānei te kōrero, mō ngā take hauwarea noa'. He kōrero anō mō te tangata harihari kōrero, mō te tangata kōhimuhimu, pai mai, kino mai.

Moana: Kāti te harihari kōrero, Aroha.
Aroha: Māu te kōrero. Ko koe te mutunga mai o te ngutu kapetau.
Moana: Ākene koe i a au …

Hera: E ai ki te kōrero, kua whai whakareka hou koe, Hēni.
Hēni: Kōrua ko ō ngutu kapetau. Nā wai hoki tāu?
Hera: Nā tētahi moku manu. Kāore, nā Rāwiri.

Ētahi mirimiringa
He tangata ngutungutu
He ngutu pakipaki

A gossip queen/king

If you know someone who is a gossip (and we all do), this is
a phrase for them. In *He Pātaka Kupu* these words are used for
someone who goes on and on or is quick to speak about things
that are insignificant. It also relates to a gossip or one who spreads
good or bad rumours.

Moana: Stop gossiping, Aroha.
Aroha: You can talk. You're the epitome of a gossip queen.
Moana: Watch yourself …

Hera: Rumour has it you've got a new partner, Hēni.
Hēni: You're a gossip queen. Where did you get that from?
Hera: From a little bird. Nah, it was Rāwiri.

Variations
A gossiper
A flapping mouth

Tēnā pīki rūkahu tēnā
E mōhio katoa ana tātau ki tētahi tangata, ki ētahi tāngata rūkahu
rānei. He rite tonu te iri o ngā kupu tahupera i ō rātau ngutu. Hoi
anō, ehara i te mea ka whiua anahe te rerenga nei ki te tangata
rūkahu, engari ka whiua ki te tangata ina puta tētahi kōrero
tahupera, tētahi kōrero mutunga mai o te rūkahu i tōna waha.

Tama: I haere māua ko Atawhai ki te whakamomoka tia. I pūhia e
māua tētahi tāriana tia.
Hēni: Tēnā pīki rūkahu tēnā! Kāore e kore i mate noa te tia i te
mate manawa.
Tama: Tō tenetene!

Hine: Kia ora Māmā. Kua whakairia kētia e māua ko Aroha ngā
kākahu ki te raina.
Aroha: Tēnā pīki rūkahu tēnā! I noho noa iho kōrua ko tō tou
paruhi ki te tūru mātakitaki pouaka whakaata ai.

Ētahi mirimiringa
Rūkaku ake nei, rūkahu ake nei!
He arero horihori/teka

A big fat lie
We all know people who have problems telling the truth and often have lies dangling from their lips. This phrase can be used for a person who always lies, but also for someone who has just said something untrue.

Tama: Atawhai and I went deer stalking. We shot a big stag.
Hēni: What a big fat lie! It probably just died of a heart attack.
Tama: Up yours!

Hine: Hey Mum. Aroha and I have already hung the clothes on the line.
Aroha: That's a big fat lie! You and your flat bum just sat there on the couch watching television.

Variations
What an absolute lie!
A deceitful tongue/liar

Hai mitimiti [māu]!
Whiua ai tēnei kōrero ki te tangata kai raro pea e putu ana i tētahi
whakataetae, e rongo ai ia i te hua o tētahi mahi, e rongo ai rānei
ia i tōna hē, i tētahi momo āhuatanga pērā rānei. I ahu mai i te
kīanga i te reo Pākehā, hoi, he whakatoi, he kapekape tēnei i te
tangata. Kaha whakamahia ai i ngā horopaki whakataetae.

Peti: Ana! Hai mitimiti māu!
Hera: E kī rā. Me whakakūmara koe.
Peti: Hai aha māku te whakakūmara.

Hine: E kare! I karawhiua tō mātou tīma i te rā nei.
Aroha: Kaitoa! Hai mitimiti mā koutou. Koirā te utu o te kore i
whakangungu.

Ētahi mirimiringa
Hai mitimiti mā koutou!
Kaitoa!
Anā [tō] kai!

Suck on that!

This phrase is often said to someone who has been defeated in competition to rub the loss in their face or make them feel bad about their performance. It relates to an English idiom, 'that sucks!', but here is used to get smart and cheeky to someone, often in sporting contexts.

Peti: Take that! Suck on that!
Hera: Wow … be humble.
Peti: I've got no need for humility.

Hine: Far out! Our team got thrashed today.
Aroha: Suck on that. That's what you get when you don't train.

Variations
You can all suck on that!
Good job!
Serves you right!

He pākiwaha

Ki te mōhio koe ki tētahi waha papā, ki tētahi tangata e reka ana ki a ia te tangi o tōna ake reo, ko te pākiwaha pea tētahi kupu e tika ana hai kōrero mōna. Mōna ake, kāore e haunga tōna tero, ā, e kaha whiti ana te rā i tōna tou. Kai tēnā whānau, kai tēnā hapori ōna pākiwaha, ā, e tika ana i ētahi wā kia whiua te kupu nei kia rongo ai rātau i te whakaiti.

Tama: Hurō! He aha anō tāu, Aroha? I pōhēhē au ka wepua e koe taku tou i te tēnehi?
Aroha: Hoihoi, pākiwaha! He māri ihupuku noa iho. Tēnā, kia tākaro anō tāua.
Tama: E hē. Kai te pai. He kaupapa anō tāku.

Rangi: Hareruia, kua ngū te whare.
Peti: Āe, kua haere te pākiwaha rā, a Hēni, ki Tāmaki.
Rangi: Nā whai anō!

Ētahi mirimiringa
Papā tō waha (*Te Aka*, 2022)
He waha pakaru
He waha huka

A loudmouth

If you know someone with a big mouth who likes the sound of their own voice, then 'pākiwaha' is a suitable word to describe them. This person thinks they are the bee's knees and God's gift to the world. Each family and community have their loudmouths and this is the perfect word to give them a taste of humility.

Tama: Yes! What was it you said, Aroha? I thought you were going to smoke me in tennis?
Aroha: Be quiet, loudmouth! It's just beginner's luck. Let's go another round.
Tama: No, it's all good. I've got something else on.

Rangi: Hallelujah, the house is quiet.
Peti: Yeah, that loudmouth, Hēni, has gone to Auckland.
Rangi: No wonder!

Variations
To babble on (*Te Aka*, 2022)
Boaster
Blow their own trumpet

[Tō] ihu

He kīwaha tēnei mō te tangata ihu roa, e pīrangi mōhio ana ki ngā kōrero katoa, pai mai, kino mai, kōhimuhimu mai. He āhua rite ki te ngaro iri whare, ka noho ki konā whakarongo ai ki ngā kōrero a ētahi atu. Hoi anō, ka whiua tēnei kīwaha ki te tangata ka tono atu kia kōrerohia ngā take e kōrerohia nei e koe ki a ia. I ētahi wā ko te tohunga tēnei o te kawekawe kōrero.

Hēni: Tēnā, kōrero mai. Whārikihia mai ngā kōrero katoa.
Hera: Tō ihu. Hai aha atu māu. Kia rite au kua kōrero atu.

Tama: E kōrero ana koutou mō te aha?
Aroha: Tō ihu. Ehara mōu ēnei kōrero.

Ētahi mirimiringa
He ngaro iri whare
Kia ahatia ai [koe]?

[You] nosey parker

This is used for someone who is nosey, who wants to know everything and is overly inquisitive. This person likes to be the fly on the wall who listens to the conversations of others or always wants to be filled in on what's being discussed. In some instances, these people are quite the experts at picking up and spreading gossip.

Hēni: Tell me everything! I want to know every little detail.
Hera: You're such a nosey parker. Just mind your own business and I'll tell you when I'm ready.

Tama: What are you all talking about?
Aroha: Don't be a nosey parker. This information isn't for you.

Variations
A fly on the wall
What's it got to do with you?

Ka turi [koe] i [tō] arero
I rongo tuatahi au i tēnei kōrero i te kuia, i a Kaa Williams, i
te hōtaka o *Whakataukī*. He rawe ki a au hai whiu ki te tangata
hoihoi, ki te tangata kaha ki te kōrero, ki te tangata he reka ki a ia
te tangi o tōna ake reo, ā, kua kore e aro ki ngā kōrero a tētahi atu.
I te kaha rere o te waha, kua kore ngā taringa e rongo.

Hera: Ahakoa ana pātai, kāore e kopi te waha o Rāwiri kia rongo
ai ia i te whakautu ki tana pātai.
Peti: Ehara! Ka turi ia i tana arero.

Hine: Āe, i tērā wiki i puta te kōhimuhimu …
Tama: E Hine, ka mea ka taki hoihoi. Ka turi koe i tō arero!
Hine: Māu rawa te kōrero!

Ētahi mirimiringa
He ngutu kotete
He ngutu pī

[Your] tongue will be the deaf of [you]
I first heard this phrase from Kaa Williams on an episode of
Whakataukī. It can be used for people who are noisy, who talk a
lot and who like the sound of their own voice — so much so they
don't pay attention to the words of others. Because they speak too
much their ears cannot hear, and they are deaf to others.

Hera: Despite his questions, Rāwiri never shuts his mouth long
enough to listen to the answer.
Peti: So true! His tongue will be the deaf of him.

Hine: Yeah, last week the word on the street was …
Tama: Hine, why don't you zip it. Your tongue will be the deaf of
you!
Hine: You're one to talk!

Variations
A talkative person
A chatterbox

Kai te poti o te ngutu
Mehemea kai te kōrerotia tētahi tangata, tētahi mahi, tētahi
āhuatanga rānei e te tini me te mano, kua kīa tērā he kōrero kai te
poti o te ngutu. I te nuinga o te wā ehara tēnei i te mihi, i te kōrero
rānei mō ngā mahi pai a tētahi tangata, engari kē ia he kōrero
pōtinitini, he kōrero whakamā pea i te tangata. Hoi anō, mehemea
kai te iri te kōrero nei i te ngutu o te hapori, koinei te kīanga e tika
ana hai whakaahua i tērā āhuatanga.

Peti: I rongo rānei koe i te kōrero kai te poti o te ngutu? Kua whai
tāne hou a Hēni, ka mutu, 15 tau te pakeke iho i a ia!
Hera: Wī! He mea whānako i te kōhanga!
Peti: Ehara!

Moana: Hēni, ko koe kai te poti o te ngutu i te marae.
Hēni: Hai aha atu māku. He tarahae noa iho nō rātau.

Ētahi mirimiringa
Ko te patunga a te ngutu
Te iringa o te ngutu

On everyone's lips

When many people talk about someone or something, then it's said to be on everyone's lips. Most times it's not something to be celebrated; often it's a scandal or something to feel ashamed about. In any case, if many people are discussing it, this is the right phrase to use — it's on the lips of the community.

Peti: Did you hear what's on everyone's lips? Hēni has a new man and he's 15 years younger than her!
Hera: Geez! What a cradle snatcher!
Peti: I reckon!

Moana: Hēni, you're on everyone's lips at the marae.
Hēni: I don't care. They're just jealous.

Variations
What's being talked about
Hanging on the lips

A [Hine] me [ana] rua kapa
Whakamahia ai tēnei kīanga mō ngā whakaaro o tētahi tangata i
puta i a ia mō tētahi kaupapa, pai mai, kino mai. Kua āhua horapa
tēnei rerenga i te ao, ā, he wā kua puta kē te kupu 'hēneti'. I ngā
horopaki kapekape, ka whakamahia tēnei kīanga ki te whakaiti
i te rite tonu o te whakaputa a te tangata i ōna whakaaro, ā, he
hanga whakaputa mōhio nei ia.

Rāwiri: Kāore au i te mōhio mēnā kua tau te ingoa, engari he rawe
te ingoa 'Rāwiri'.
Peti: Tēnā koe i ō rua kapa. Engari kua kino i te kaipupuri tērā
ingoa.

Tama: Ko wai tērā e kōrero ana?
Atawhai: Ko Hine noa iho me ana rua kapa. Hai aha te aro atu.
Tama: Tērā whakaputa mōhio.

Ētahi mirimiringa
[Hine] me [ana] rua hēneti
[Kōrua] me ō [kōrua] rua kapa

[Hine] and [her] two pennies' worth
This phrase is used to describe someone sharing their opinion, whether or not it is wanted. This phrase is globally widespread and sometimes 'cents' is used in place of 'pennies'. In the context of tongue-in-cheek banter, this phrase could be used to belittle someone who is a know-it-all and constantly gives their opinions.

Rāwiri: I'm not sure if you've decided on a name, but Rāwiri is a beautiful name.
Peti: Thanks for your two pennies' worth. But the person who carries that name has spoilt it.

Tama: Who's that speaking?
Atawhai: It's just Hine and her two pennies' worth. Don't even bother listening.
Tama: That know-it-all.

Variations
[Hine] and [her] two cents' worth
You two and your two cents' worth

He kiko whakarawaka

He kupu whakarite tēnei mō te tangata māngere, mō te tangata noho noa iho ki tana tou, titiro mai, titiro atu. Ko te kupu 'kiko' nei, ko te kikokiko tonu. Ka mutu, he kupu anō te 'whakarawaka' mō te inukorokoro, mō te makuku, mō te māngere. Whakamahia ai tēnei kupu whakarite ki te whakaiti, ki te kapakape hoki i te tangata.

Hine: Tētahi kiko whakarawaka ko koe, e Tama. Ka mea ka taki āwhina ki te whakapaipai i te whare!
Tama: Tō hia pai! Nāu kē i tīwekaweka ai te whare. Katoa, katoa ngā taputapu e purere ana nāu!
Hine: Nāku, nāu, nā tātau katoa, nē?
Tama: E hē. Nāu! Irakati!

Peti: I rongo rānei koe nā Rāwiri ngā kai o te pō i tunu?
Hera: Te hia oti i a ia he paku mahi! I te nuinga o te wā he māngere kē tērā, ka hoko ō rangaranga kē.
Peti: Ehara! He āhua kiko whakarawaka tonu! Engari i reka tonu te kai.

Tētahi mirimiringa
He tangata tō kumu

A slothful person
This simile is for a lazy person, for someone who sits on their arse, looks around and does nothing. The word 'kiko' is another word for body or flesh. Furthermore, the word 'whakarawaka' is another word for a slacker, a sloth or someone who is lazy. This simile is used to belittle as well as draw a response.

Hine: You're such a sloth, Tama! Why don't you get up and help us clean the house!
Tama: The cheek of it! It was you who made the house messy. Everything that's lying around is yours!
Hine: What's mine is yours and all of ours, right?
Tama: No. It's yours! Full stop!

Peti: Did you hear that Rāwiri cooked dinner?
Hera: I'm amazed he could complete something! Most of the time he's lazy and just buys takeaways.
Peti: I reckon. He's pretty lazy. But the food was yum.

Variation
A lazy person

Ko wai e kī ana he pango te tīkera?

Ka whakataurite tēnei kīanga i te pango o te kōhua ki te tīkera, i te wā i hangaia ai ēnei taputapu ki te rino. Ahakoa ko te nuinga o ngā taputapu i te kīhini he mea hanga ki te maitai waikura kore, e rere tonu ana tēnei rerenga. He rite tōna wairua ki te kīwaha, 'Māu rawa te kōrero', e wero ana i te tangata e whakatake ana i tētahi atu, engari he pērā hoki taua tangata rā.

Moana: Te paruheti hoki o tō waka. Ka mea ka taki horoi a waho.
Rangi: Ko wai e kī ana he pango te tīkera? He whare tō waka nō te pūngāwerewere.

Peti: Te hia pai hoki o Rāwiri! I kīia au he rūkahu.
Hera: Ko wai e kī ana he pango te tīkera?
Peti: Ehara! Tētahi tangata mutunga mai o te arero horihori.

Ētahi mirimiringa
Kai whiu kōhatu te hunga noho whare karāhe
Ko te kōhua, ko te tīkera rānei e kōrero ana?

Who's calling the kettle black?
Back in the day, pots and kettles were made of cast iron, which turned black over time. Even though most kitchen appliances are now made of stainless steel, this phrase continues to be used today. It is similar in nature to the saying, 'You're one to talk', meaning that people should not criticise someone else for a fault they have themselves.

Moana: Your car is filthy. You need to give it a wash.
Rangi: Who's calling the kettle black? Your car has spiderwebs all over it!

Peti: Rāwiri's got cheek! He called me a liar.
Hera: Who's calling the kettle black?
Peti: I reckon! He's the biggest liar out there.

Variations
People who live in glass houses shouldn't throw stones
Are you the pot or the kettle?

He porokohete
I ahu mai tēnei kōrero i te reo Pākehā mō te tangata roro hipi, mō te māhunga wai, mō te tangata āhua heahea nei. Ki te puta i te tangata tētahi kōrero, ka mahia rānei e ia tētahi mahi mutunga mai o te heahea, koinei tētahi kupu hai whakaahua i te tangata rā. Kua āhua rangiwhāwhā tēnei kōrero i ēnei rā, engari he rawe tonu hai whakakata.

Hine: I kite anō koe i te porokohete rā e oma kau ana i te whīra i te pō rā?
Atawhai: Āe, ka aroha hoki te makariri o te pō.
Hine: Ka aroha te kairutu. I tata hongi te ihu ki te ure.

Hēni: I rakaina e te porokohete rā ana kī ki roto tonu o te motokā.
Moana: Tētahi māhunga wai. Ko te tuaaha nei tēnei!

Ētahi mirimiringa
He tūtae tara
He poroheahea

A blockhead
This originates from the English language and refers to someone
who has a sheep's brain, a head full of water, or is one book short
of a bookshelf. If this person says something or does something
that is the epitome of stupidity, 'blockhead' describes them
perfectly. It's widespread and good for a laugh.

Hine: Did you see that blockhead running naked on the field last
night?
Atawhai: Yeah, and it was a cold night as well.
Hine: I feel sorry for the guy that tackled him. His nose almost
pressed against his penis!

Hēni: That blockhead locked his keys in his car.
Moana: What an idiot. This has happened so many times!

Variations
A moron
A nitwit

2
A raro

Kāore i ārikarika ngā kīanga kapekape a te Māori mō 'raro o
te tātua'. Ki ētahi he āhuaatua, he maninohea hoki ēnei kōrero,
engari ia ki te Māori, he wāhanga noa iho nō te tinana. Kāore te
Māori e horokukū ki te tuku i ngā kōrero e hāngai ana ki te ai, ki
ngā mahi o te ure me te tara, o te aha rānei. Ka mutu, kāore hoki
te Māori e pāmamae ki ēneki kīanga. Ka hūiki ki ētahi ngā kōrero
nei i ētahi horopaki, engari me tō mai e tātau ēnei kōrero ki te ao
mārama kai ngaro tēnei wairua kapekape, tēnei wairua whakatoi,
me te aha, kua kīia te reo Māori he reo tou maroke.

I tēnei upoko ka wānangahia e tātau ngā kōrero mō te tou, mō
te ure, mō te tara, mō te waewae, otirā, mō ngā mea katoa o raro
o te hope. Kāore e kapi i te pukapuka kotahi nei ngā kōrero katoa,
ka mutu, kai tēnā whānau, kai tēnā whānau āna ake kōrero hai
whakakata i a rātau. He kohikohinga noa iho tēnei nō ētahi o ngā
kōrero ruarua nei kua rangona e au i roto i ngā tau nei, otirā, i aku
hīkoinga i te mata o te whenua.

Engari kia tāruatia anō te kōrero i konei, kai pāmamae e te iwi

2
Below the hip

Māori have many phrases that refer to things 'below the belt'. Some cultures may find these offensive or unpalatable, but for Māori they are merely referring to body parts. Māori are not shy when talking about things concerning sex, the penis, the vagina and so on. Māori also aren't offended by these phrases. Still, some people find these words awkward in some contexts and as a result, the Māori language has become dry. We need to bring these sayings back into our everyday language so we don't lose the tongue-in-cheek nature of te reo Māori!

In this chapter we explore things concerning the backside, the penis, the vagina, the legs, and everything else below the hip. This book can't contain all of these phrases, and no doubt every family has their own phrases that are funny to them. Here you will find a collection of the phrases that I've heard over the years.

Again, a warning: don't be offended by the phrases that follow! If it gets a bit too much for your taste, take a break or

ki ngā kōrero e whai ake nei. Ki te kore koe e rata mai, me waiho pea te pukapuka nei ki te taha, me haere rānei ki upoko kē atu. Nō reira, e hoa mā, kia tahuri ake tātau ki te kai anō i ngā kai o raro o te hope!

Kai te kimi patero
He kīwaha tēnei hai whiu ki te tangata e minaka ana kia murua ana hara. E whanui ana te mōhiotia o te kupu nei, o te 'patero', he kupu mō te hemo o te tou, mō te pakaru mai o te haunga i te wāhi kāore e whitikina ana e te rā. Kāore au i te mōhio he aha i whakamahia ai te kupu 'patero', engari koirā te āhua o te kīwaha.

Moana: Nā te aukereia tonu rā tōna rua i kari, me te aha, i hoki mai ki konei ki te kimi i tana patero. Auare ake!
Rangi: Kaitoa! Kua mau pea te iro ināianei.

Hēni: I hokona e Rāwiri ngā putiputi mō tana wahine.
Hera: Ha! Kai te kimi patero noa ia.

Tētahi mirimiringa
Kai te kimi hamuti (mō tētahi tino hara)

move on to another chapter. Without further ado, let us explore the content concerning things below the hip!

Chasing flatulence — seeking forgiveness
This in an idiom for someone who wants their sins forgiven. The word 'patero' is widely known as the word for a fart, for flatulence and for the breaking of wind from where the sun doesn't shine. I'm not sure why the word 'fart' is used, but that is sometimes the nature of idioms.

Moana: That mischief dug his own hole. And now he's come back here to suck up. But to no avail!
Rangi: Good job. Perhaps they've learnt a lesson now.

Hēni: Rāwiri bought some flowers for his wife.
Hera: Ha! He's just trying to make up.

Variation
Seeking forgiveness (for more serious transgressions)

He kati hau

Nā taku kōkara tēnei rerenga i tuku mai ki a au nō māua e noho ana i te marae i tētahi pō. I reira mātou e wānanga ana i ngā āhuatanga o te reo whakatoi, ka kōrero mai i te rerenga nei i kaha rangona nōna e tai ana. Whiua ai tēnei ki te koretake, noho noa ki konā pāterotero ai, ki te tangata kōrero teka hoki, ānō nei he patero, he pirau noa ngā kōrero e puta ana i a ia.

Rāwiri: Ka taea e au te kōrero Hainamana.
Hēni: Kāti te kati hau, Rāwiri.
Rāwiri: Konnichiwa.
Hēni: Tō roro hipi. He Hapani kē tērā.

Hera: Auē, e ai ki te kōrero kai te kakea tonutia te koroua rā.
Peti: I nē? Ko wai te tangata pīrangi kake i te kati hau rā. Kāore ōna take. Ehara i te ringa raupā, he mākohakoha kē.
Hera: Ehara!

Ētahi mirimiringa
He patu namu
He patu ngaro

A wind breaker

My aunty gave me this phrase when we were at the marae one night. We were discussing aspects of the language of tongue-in-cheek and she told me these words she heard when she was younger. This is said to someone who is useless — all they're good for is sitting there and farting. In other words, this person talks rubbish and all that comes out of their mouth is filth and fart.

Rāwiri: I can speak Chinese.
Hēni: Stop being a wind breaker, Rāwiri.
Rāwiri: Konnichiwa.
Hēni: You sheep's brain. That's Japanese.

Hera: Goodness, the word on the street is that old man is still having sex.
Peti: Really? Who wants to have sex with that wind breaker? He's useless. He's not a hard worker, he's lazy.
Hera: Indeed!

Variations
Sandfly swatter
Fly swatter

Kai te tero o te hea

I kaha te whiua o tēnei kōrero e taku pāpā nōku e tamariki ana.
Mehemea ka uia e mātau te pātai mō te wāhi o tētahi mea, o tētahi
tangata rānei, ka puta te kōrero i a ia, 'Kai te tero o te hea.' Nā, he
aha rā tēnei me te 'hea'? He whakawhitinga nō te kupu 'hare' i te
reo Pākehā (he momo rāpeti). Nō reira, whiua ai tēnei i ngā momo
horopaki e rua; mehemea kāore i te mōhiotia te wāhi kai reira taua
mea rā, mehemea rānei ko te pātai rā te mutunga mai o te heahea.

Hine: E noho nama ana koe i taku karawhiu i a koe i te rēihi. Kai
hea taku rima tāra?
Aroha: Kai te tero o te hea! I te tapeka kē ōku matimati nōhea rawa
e kitea e koe tērā rima tāra.

Tama: Māmā, kua kite anō koe i aku kī?
Moana: Kai te tero o te hea. Auē, tāne mā, me ō koutou kanohi
mutunga mai o te kāpō. Ara rē! Kai te paepae o te kīhini.

Tētahi mirimiringa
Kai te tero o te [nanekoti] (panonitia te kararehe)

Up the hare's arse
This was always said by my dad when we were growing up. If
we asked him where something or someone was, he would say,
'Kai te tero o te hea.' 'Hea' is the transliteration of 'hare' (a type
of rabbit). So, you can use this phrase in two contexts; when you
don't know the location of the thing someone is asking about, or if
someone asks you a question that is the epitome of stupidity.

Hine: You owe me for beating you in that race. Where's my five
dollars?
Aroha: Up the hare's arse! I had my fingers crossed so you'll never
see that five dollars.

Tama: Mum, have you seen my keys?
Moana: Up the hare's arse. Goodness, men and your absolute
blindness. There they are on the kitchen bench.

Variation
Up the [goat's] arse (change the animal)

He mitimiti tou
Nā te ao Pākehā tēnei kīanga, hoi anō, he mea whakamāori noa
hai whakakata i a tātau. Kāore te Māori e mitimiti i te tou o te
tangata, i tōna tikanga! Heoi anō, ko te tikanga o te kōrero nei,
he kōrero mō te tangata e whakatata ana ki te rangatira, ki tērā
momo rānei. Ka mutu, ahakoa te aha, ka mahia e te tangata nei ngā
mahi katoa māna, kua kōrero hoki i ngā kōrero e hiahiatia ana e te
rangatira.

Rangi: Anei ō tino pihikete. Nāku i tunu māu.
Moana: Kai te mitimiti tou noa iho koe. Kāore tonu au e taraiwa
i tō koutou māpu haurangi hai te pō nei. Me whakarite ō koutou
tekehī ināianei.

Hera: I whakaingoatia e ia tana tamaiti ki tana pāpara.
Peti: E kī rā. Kai te mitimiti tou pea.

Tētahi mirimiringa
Kai mitimiti tou

Kissing someone's arse

This phrase originates in English; however, it can be translated to make us laugh. Māori do not lick other people's posterior — well, they're not supposed to anyway! However, this phrase refers to someone who tries to get close to a chief or someone of social status. This person will do anything and everything to gain favour and will say all the things that a chief wants to hear.

Rangi: Here's your favourite biscuits. I baked them for you.
Moana: You're just kissing my arse. I still won't be the sober driver for you and your group of drunks tonight. You should order your taxis now.

Hera: She named her child after her uncle.
Peti: Is that so? She must be kissing arse.

Variation
Don't be a suck up

Kāore anō kia huruhuru a raro
E whakarite ana tēnei rerenga i tētahi tangata ki te tamaiti kāore
anō kia eke ki tōna pūhuruhurutanga. E rua ngā horopaki kua
rongo nei au i tēnei kīanga e rere ana. Ko te tuatahi, hai hahani
i te taiohi whakaputa mōhio e noho puku ai ia.Ko te tuarua, mō
te ohorere o te tangata ki tā te tamaiti mahi i ngā mahi, i tōna
tikanga, nā te pakeke.

Hera: I pēhea nei tō pakeke ka moe wahine ana koe?
Tama: Tekau mā whitu tau pea taku pakeke.
Hera: Aiii! Kāore anō kia huruhuru a raro!

Peti: Kāore anō kia huruhuru a raro, ka hīkoi haere pēnei i a King
Tut. Te hia pai hoki!
Hera: Āe, ka whakateka ki te noho ki te tēpu mō ngā pakeke,
engari he ihu hūpē kē.

Ētahi mirimiringa
Kāore anō kia mārō tō tiko
Kai te whērua tonutia te tou

[He] hasn't even grown [his] pubic hairs, hasn't hit puberty yet
This phrase likens a person to a child who hasn't grown any pubic hair or hit puberty yet. I've heard this phrase in two contexts. The first is for young know-it-alls; it is used to belittle them or to make them eat humble pie. The second is when one is surprised at a child doing something that only an adult would usually do.

Hera: How old were you when you first slept with a woman?
Tama: Maybe seventeen.
Hera: Whaaaat! You hadn't even hit puberty yet!

Peti: He hasn't even hit puberty yet and is walking around like King Tut. The cheek of it!
Hera: Yeah, he tries to sit at the grown-ups table but still has a snotty nose.

Variations
Your shit is still runny
Still getting their arse wiped

Kua rangatira ake te upoko o raro
He kīanga tēnei mō te tāne e kīia nei he ure paratī, ā, warea katoa
ana ōna whakaaro ki te ai, ki te ai, ki te ai. Koia i kīia ai ko te
upoko o raro, ko te ure, tērā e whakahau nei, e whakaaweawe nei
i te upoko o runga kia pēnei, kia pērā. Kua whai mana ake te ure,
tēnā i te hinengaro. He kōrero tēnei hai whakakata, hai kapekape,
hai whakaiti i te tāne e noho mātāmua ana te ai i ōna whakaaro.

Rāwiri: Kai te pīrangi noho au ki te kāinga inu ai. Engari anō a
Arapeta, kai te pīrangi haere ki te tāone.
Peti: E mōhio ana tātau ki te take! Kua rangatira ake te upoko o
raro!

Hēni: Kai te pēhea kōrua ko tō tāne hou, Hēni?
Hine: Kua whakarērea e au, e hoa. I rangatira ake te upoko o raro
i tō runga. Wāite tāima.

Tētahi mirimiringa
Warea ana e te ai

The little head ruling the big head

This phrase is for promiscuous men, those whose thoughts are consumed by sex, sex and more sex. That's why we say that the little head (the penis) is ruling the mind (the head above) and influencing one's actions. This is said to give cheek, to get smart and to belittle a man whose thoughts are focused on sex.

Rāwiri: I just want to stay home and have a few drinks. But Arapeta wants to go to town instead.
Peti: Well, we all know why! It's always the little head ruling the big head with him.

Hēni: How are you and your new man, Hine?
Hine: I ditched him, my friend. His little head ruled his big head. He was a waste of time.

Variation
Always thinking about sex

Kua herea ngā raho
He kōrero whakatoi tēnei ki te tāne kāore e whakaaetia kia puta
i te kāinga e tōna hoa, kua warea rānei ōna whakaaro ki a ia,
tēnā i te hiahia haere ki tētahi kaupapa. I ētahi wā, kai te kimi
te tāne i tana patero i tōna hoa. Koia i kīia ai ko ngā raho kua
herea ki te kāinga.

Atawhai: E aha ana koe ā te pō nei? Me waea a Karanama kia
haere tahi ai tātau ki te mātakitaki i te kēmu.
Tama: Kia haere tāua, e hoa. Kua herea ngā raho o tērā. Kua whai
hoa hou ia, ā, warea katoa ana ōna whakaaro ki reira.

Hera: He tuatahitangata tēnei kite āku i tō hoa e whakairi ana i
ngā kākahu.
Peti: Kua herea ōna raho, koinā te take. Kai te kimi ia i tana patero.

Tētahi mirimiringa
Kua herea ōna raho

His balls are tied, tied up at home
This is a cheeky phrase describing a male whose partner isn't allowing them out of the house, or a male who is preoccupied with his partner and doesn't want to go to an event. Sometimes the male is seeking forgiveness from their partner and that's why they are tied up at home.

Atawhai: What are you doing tonight? You should ring Karanama so we can go and watch the game.
Tama: You and I can go, bro. That one's tied up at home. He has a new partner, so his thoughts are very much preoccupied with her.

Hera: That's the first time I've seen your mate hanging out the clothes.
Peti: He's in the dogbox, that's why. He's sucking up.

Variation
His balls are tied

[Tō] tenetene

He kīwaha tēnei e whakahāwea ana i te tangata, e whakaputa
ana i tō whakahē ki tētahi whakaaro, ki tētahi mahi rānei
(*He Kohinga Kīwaha*, 1999). Hoi anō, kai runga i tō whakawhiu
ka rongo ai te tangata i te wairua kawa, i te wairua whakatoi
rānei. Nō te wahine te tene, nō reira, whakamahia ai tēnei kīwaha
mō te wahine. He kīwaha anō mō te tāne (tirohia te rerenga e
whai ana).

Hine: I mīia e koe te moenga i tō Hēnare whare i te pō rā? I pērā
rawa tō haurangi?
Atawhai: Tō tenetene! Kātahi te rūkahu ko tēnā!
Hine: Kāore te whakaahua e rūkahu. Titiro mai ki tēnei. Ko te roto
o Taupō tēnā i tō taha!

Hēni: Kua tohua te māpu wāhine rā hai ārahi i te kaupapa rā.
Moana: Ō rātau tenetene! Kāore au mō te whakarongo atu ki ērā
whakaputa mōhio.

Tētahi mirimiringa
Tō teke/tara

[Your] vagina — stuff you (for women)
This idiom either belittles someone or expresses disagreement
with an opinion or action (*He Kohinga Kīwaha*, 1999). However,
you can use intonation to express it as disdain or cheek. This
idiom references the vagina and so is used for women; there is a
different idiom specifically for men (see next).

Hine: Did you pee the bed at Hēnare's house last night? Were you
that drunk?
Atawhai: Stuff you! That's a big lie!
Hine: Photos don't lie. Look at this one here. That's lake Taupō
next to you!

Hēni: That group of women over there has been appointed to take
the lead.
Moana: Stuff them! I don't want to listen to those know-it-alls.

Variation
Up yours

[Ō] raho

He kīwaha anō tēnei e rite ana ki tērā o mua. Ko te rerekē noa iho o tēnei, he mea whiu ki te tāne, ki te tangata he raho ōna. He kīwaha whakahē, whakahāwea, whakatoi hoki i te tāne.

Tama: Hika! Kua hia mimi ahau.
Hine: Ō raho! Kai te karo noa iho koe i ngā rīhi.

Rangi: E hoa! I mea mai a Rāwiri e mate kanehe ana a Hēmi ki a koe!
Hera: Ōna raho! Kua kite anō koe i tōna āhua? Makimaki ake nei, makimaki ake nei.
Rangi: Koia, koia!

Ētahi mirimiringa
Ō koutou raho
Ō rātau raho

[Your] balls — get lost (for men)
This idiom is like the one on the previous page except this is said
to a man, to someone who has testicles. This phrase can be used to
disagree, to belittle or to give cheek to a male.

Tama: Jeez. I need to go for a number one.
Hine: Get lost! You're just avoiding the dishes.

Rangi: Mate! Rāwiri said that Hēmi has the hots for you.
Hera: His balls! Have you seen what he looks like? The epitome of
a monkey.
Rangi: Ain't that the truth!

Variations
You can all get lost
They can all get lost

[Tō] tero

E rite ana te wairua o tēnei kīanga ki ērā o mua. He kīanga mō te whakahē, mō te whakahāwea, mō te whakatoi rānei. Ko te rerekē o tēnei i ērā o mua, ka tareka te whakamahi mō te tāne me te wahine. Ka mutu, he tero tō tēnā, tō tēnā!

Hine: Ko au ki te moenga o runga!
Tama: Tō tero! Ko au kē te mea pakeke.
Hine: E mua kai kai, e muri kai hūare.

Moana: I waea mai tō teina i te ata nei.
Rangi: E kī. Kai te pīrangi aha ia i te rā nei?
Moana: Kai te kohikohi pūtea anō ia.
Rangi: Tōna tero. Ka pakaru ō tāua pūkoro i ana mahi kohi pūtea.

Ētahi mirimiringa
Ō kōrua tero (mō te tokorua)
Ō koutou tero (mō te tokotoru, neke atu)

Up [your/s] (bum)

This phrase has a similar meaning to those prior. It can be used to express disagreement, to belittle or to give cheek. The difference with this one is that it can be used for men and women. After all, we all have an anus!

Hine: I'm sleeping on the top bunk!
Tama: Up yours! I'm the oldest.
Hine: The early have the pick, the latecomers only get spittle.

Moana: Your brother rang this morning.
Rangi: Is that so? What does he want today?
Moana: He's fundraising again.
Rangi: Up his. We're broke because of his fundraising.

Variations
Up yours (to two people)
Up yours (to three or more people)

[Tō] weta

E whakapae ana ahau he kīwaha tēnei nō roto i a Tūhoe. Kāore
au i te mōhio mēnā rānei e kōrerotia ana i iwi kē. He āhua rite nei
tōna wairua ki te kīwaha 'auare ake', e tohu ana i te kore rawa o
tētahi mahi e pahawa, e riwha rānei i tētahi tangata. Ka mutu, he
kupu anō te 'weta' mō te hamuti.

Peti: Māu ngā kai o te pō nei e tunu, e weta!
Rāwiri: Tētahi tangata utiuti ki te kai.

Hēni: Tonoa mai ngā koha ki taku pēke, māku te mōtēra e utu.
Rangi: Tō weta! Ka whānakohia noa ihotia e koe hai utu i ō nama!

Ētahi mirimiringa
E weta
Ō rātau weta

No way

I think this is an idiom from within Tūhoe (in the eastern Bay of Plenty) and I'm unsure if other tribes use it or not. It has a similar nature to the idiom 'to no avail', which signals that something will never be achieved or done by someone. Furthermore, the 'weta' is another word for excrement.

Peti: Huh, no way you'll cook dinner tonight, I bet.
Rāwiri: You're such a picky eater.

Hēni: Put the money into my bank account and I'll pay for the motel.
Rangi: No way! You'll just steal it to pay your bills!

Variations
No way
No way they'll do that

Me te mea nei kāore [ōna] hamuti e haunga
He kīanga tēnei nō te ao Pākehā, engari he rite tonu te
whakamahia i te reo Māori. He kōrero mō te tangata whakakake,
mō te tangata whakatarapī. He pērā rawa te whakaparana o te
tangata nei, kua pōhēhē ia kāore ōna hamuti e haunga, engari ia
he kakara kē. Kaha ana te rere o tēnei i ngā horopaki ngau tuarā.

Hera: Titiro ki te Rāwiri rā, e whakamīreirei haere ana me te mea
nei kāore ōna hamuti e haunga.
Peti: Mai mai, kua pōhēhē ia he nui ake tōna mana i tō tāua.
Hera: Māku ia e whakahoki mai ki te whenua.

Tama: Hoihoi. Kua roa koe e pōhēhē ana he mōhio ake koe i te
katoa.
Aroha: Me te mea nei kāore ō hamuti e haunga, Tama
Mansplainer!
Tama: He aha rā te mansplainer?
Aroha: Anā e tū atu nā.

Tētahi mirimiringa
He whakahīhī

Like [their] shit doesn't stink
This phrase is originally from English, but is constantly used in te reo Māori. It is a phrase for someone who is arrogant and stuck-up. They are so into themselves that they assume their shit does not stink, but it's fragrant instead. This phrase is often used in a context where people are backstabbing.

Hera: Look at that Rāwiri, prancing around like his shit doesn't stink.
Peti: He's always thought that he's better than us.
Hera: I'll bring him back down to Earth.

Tama: Be quiet. You've always thought you know better than everyone else.
Aroha: Like your shit doesn't stink, Tama Mansplainer!
Tama: What's a mansplainer?
Aroha: I'm looking at one.

Variation
Up themselves

E neke tō teke

He kōrero noa tēnei hai whakakata i a tātou. He huarite nō te
rerenga ka rarawe noa iho te kōrerotia. He rerenga e rangiwhāwhā
ana, ā, he mea tuku ki te tangata pōrearea. I te nuinga o te wā ka
whiua ki te wahine, ā, e ngangahu mai ana te kitea he aha i pērā ai
— he kupu anō te teke mō te tara. Kai pāmamae ki ngā kupu — he
wāhanga noa nō te tinana!

Peti: Ei, e neke tō teke kia pai ai taku noho.
Hera: He nui rawa tō tou, kāore e kuhu.
Peti: Māu rawa te kōrero. Kōrua ko tō tou pītiti.

Tama: E neke tō teke. Kai te whakapōrearea noa iho koe i te
huarahi.
Aroha: Haere mā tērā taha. Kua hāneanea taku takoto i konei.
Tama: Me he tohorā kua pae ki uta.

Tētahi mirimiringa
Kia horo tō nono

Move your vagina — get out of the way
This is a phrase to make us laugh. It rolls off the tongue nicely because it rhymes. This phrase is widespread and it is said to someone who is in the way. In most cases it is said to women and it's obvious why — 'teke' is another word for vagina. Don't be offended — it's a body part!

Peti: Hey, get out of the way so I can sit down.
Hera: Your arse is too big, it won't fit.
Peti: You're one to talk. You and your peach bum.

Tama: Get out of the way! You're blocking the way.
Aroha: Go the other way. I'm lying comfortably here.
Tama: Like a beached whale.

Variation
Move your bum

He tou pūaha
Koinei tētahi o ngā kōrero i tino rangona nōku e pakeke haere ana.
He kupu whakarite hai whakakata i te tangata, mō te tangata e
whai whakareka ana mōna. Haere he pō, haere he pō, he tāne hou,
he wahine hou. Me kī he kupu whakarite, mō te tou e pūaha ana.
I te nuinga o te wā ka whakamahia mō te wahine, engari ehara i te
mea me pērā rawa.

Hine: I kite rānei koe i te nui o ngā tou pūaha i te karapu i te pō rā.
Aroha: E mea ana koe. I reira te mahi a te tou pūaha!

Hera: Kia ora, e Tama, kai te pēhea? Kai te karawhiua tonutia tō
waea e ngā tou pūaha rā e taki whaiwhai ana i a koe?
Tama: Kia ora, Aunty. E hē, kua mana te noho a māua ko tōku hoa.
Hera: Ka rawe, e Tama.

Tētahi mirimiringa
Ko te mahi a te tou pūaha

An open behind — being promiscuous

This was one of the phrases that I often heard when I was growing up. It is a simile used to make one chuckle when talking about somebody who is always out looking for a new sexual partner. They have different sexual partners every night. It compares someone to a backside that is open and available. In most cases it is used for women, but it could be used for men too.

Hine: Did you see how many people were making themselves available at the club last night?
Aroha: You bet. There were heaps of them there!

Hera: Hello Tama, how are you? Is your phone still being thrashed by all those people chasing after you?
Tama: Hi Aunty. No, I have a partner now.
Hera: Excellent, Tama.

Variation
There are a lot of promiscuous people

He ure haere

He rite tēnei kōrero ki tērā o mua, engari he kōrero kē tēnei mō te tāne anake. He rite tēnei ki te ure paratī i kōrerohia rā i tērā o ngā pukapuka, i *He Iti te Kupu*, mō te tāne e piu ana i tōna ure ki te tī, ki te tā. He ure karore tēnei, ā, kāore e tau ki te wāhi kotahi. Nō reira, whiua ai tēnei kōrero ki tērā momo tāne.

Peti: Me mau pūkoro ure te ure haere rā.
Hera: Ehara! Kai pau katoa ngā moni ki te hoko pahi hai kawekawe i te māpu tamariki.

Peti: Kia tūpato ki tērā. Kua rongo kōrero au he ure haere.
Hēni: Tūreiti. Engari kia mōhio mai koe, kāore ōna take. Kāore i hikohiko te uira i a ia.

Ētahi mirimiringa
He ure paratī
He ure karore

A philandering penis

This is like the previous phrase, but it concerns only men. It is like an 'ure paratī' mentioned in *He Iti te Kupu*, concerning a man with a philandering penis, who swings it around all over the place. It does not settle in one place and so this phrase is used for that kind of man.

Peti: That philandering penis needs to wear a condom.
Hera: Isn't that the truth! Otherwise all his money will be spent on a bus to carry all his kids.

Peti: Be wary of that one. I've heard he's got a philandering penis.
Hēni: Too late. But just so you know, he's useless. It wasn't very satisfying.

Variations
A spurting penis
A travelling penis

He tarau makere

He kōrero tēnei mō te tangata, tāne mai, wahine mai, ka tere makere ana tarau e mahia ai te mahi. Hoi anō, ka kaha whiua tēnei ki te tangata kaha ki te moe haere, ki te peke taiapa, ki te ure haere, ki te tou pūaha.

Rāwiri: Mōrena, e Peti. I pēhea te pō? I hīkoi anō koe i te hīkoi o te whakamā?
Peti: Hoihoi. Ehara au i te tarau makere, pēnei i a koe, Rāwiri.

Hēni: Moumou te ātaahua o te kōtiro rā i tōna tarau makere.
Hera: Kāore. Kua pērā hoki au ki te pērā tōku ātaahua.

Tētahi mirimiringa
Kua makere anō ngā tarau

Loose pants
This saying refers to a person who is quick to take their pants off to do the deed. It is often said to someone who sleeps around, who jumps the fence, who has a philandering penis or is promiscuous.

Rāwiri: Morning Peti. How was your night? Did you do the walk of shame?
Peti: Be quiet. I don't have loose pants like you, Rāwiri.

Hēni: That girl's beauty is a waste with her loose pants.
Hera: On the contrary! I would have loose pants too if I looked like her.

Variation
Their pants are loose again

He tarau hāngī

E whakapae ana ahau nō nakua nei tēnei kōrero, otirā, he kupu whakarite tēnei e rite ana ki tērā o mua mō te tangata āhua tarau makere nei. I te nuinga o te wā he kōrero mō te wahine, engari kāore au i te kite i te hē o te whiu ki te tāne. I ēnei rā e kainga ana a raro o te tāne — tōna kai nei. Hoi anō, he kōrero tēnei mō tērā momo, mō te tangata e kaha ana ki te whai whakareka mōna.

Moana: Tō tuahine, e te tau, he tarau hāngī!
Rangi: Mai mai tērā āhuatanga. Hoi anō, kai wareware ko koe hoki tērā nōu e taiohi ana.

Peti: E ai ki te kōrero, he tarau hāngī tērā Hēnare e tū mai rā. He pīkiwhara tōna taiaha.
Hera: E kī rā! Ko wai hoki te weriweri ka pīrangi kai i te kai o tērā makimaki.
Peti: Āna. Ehara te nui i te tohu o te kounga. Ka tutuki pai i te iti pounamu i ōna wā.

Ētahi mirimiringa
Te mutunga mai o te tarau hāngī
He tara paukena

Hāngī pants

This is a modern phrase similar to the previous one about someone who is quick to take off their pants. In most cases it refers to women, but I don't see why it can't be said to men. These days what's below the hips of men is also eaten, in one way or another. This phrase is for the type of person who is always looking to satisfy their sexual desires.

Moana: My darling, your sister is a hāngī pants!
Rangi: She's been like that forever. But don't forget, you were like that when you were young.

Peti: Apparently that Hēnare standing over there is a hāngī pants. He has a big penis.
Hera: Is that so! What type of person would want to swallow the food of that monkey.
Peti: I reckon. Big doesn't mean quality. Sometimes a small pounamu does the trick.

Variations
The epitome of a hāngī pants
Comparing ones vulva to a pumpkin (always being eaten)

Te arero o te taiaha
Hai whakakata noa iho tēnei rerenga i a tātau. E kaha ana tā te
Māori whakarite i te ure ki tēnei mea, ki te taiaha. Ka mutu, koia
pea ko te taiaha, ki ētahi, te tino hanga o te ure, he nui, he roa, he
mārohirohi. Hoi anō, he kupu noa iho ēnei hai whakakata i a tātau
mō te ure o te tāne.

Moana: Unuhia tō tarau, e Rangi, kia tere. Makere, makere!
Rangi: Anana!
Moana: Te arero o te taiaha!

Hine: I pēhea tō pō Hatarei? I pēhea kōrua ko tō hoa hou?
Aroha: I pērā rawa te pai i puta mai te arero o te taiaha ki waho.
Hine: Kātahi rā!

Tētahi mirimiringa
Te pīkiwhara/iti hoki o te taiaha

The tongue of the taiaha

This phrase is just for a laugh. Māori are always comparing the penis to the taiaha (a long wooden weapon). Furthermore, to some a taiaha is perhaps the shape of a good penis, which is big, long, and strong. However, these are just words for a man's penis to make us laugh.

Moana: Take off your pants, Rangi, hurry up. Take them off, take them off!
Rangi: Lo and behold!
Moana: The tongue of the taiaha!

Hine: How was your Saturday night? How was your new friend?
Aroha: It was so good that the tongue of the taiaha made an appearance.
Hine: Good grief!

Variation
A big/small taiaha

Kai te kōnatinati i te kakī o tana heihei
He kōrero tēnei mō te tāne e tītoitoi ana, e rongo nei i tōna ake
reka. Heoi, ehara i te mea e hāngai noa ana ki ngā mahi tītoitoi nei,
ki ngā āhuatanga rānei o te ai. Engari he kōrero mō te karawhiu
a te tāne i tana mahi, ā, ko ia anake kai te rongo i te reka o tērā
āhuatanga, kāore ia i te aro ki ētahi atu.

Hine: Te roa hoki o te uwhiuwhi a Tama.
Aroha: Ehara! Kai te kōnatinati i te kakī o tana heihei.

Peti: He aha hoki tāna? Ehara tērā i te kaupapa o te hui nei.
Hera: Hai aha hoki mā tāua. Kai te kōnatinati noa ia i te kakī o
tana heihei.
Peti: He rawe tonu ki a ia te reka o tōna ake reo.

Tētahi mirimiringa
Ko ia anake kai te rongo i te reka*

---

* He kōrero tēnei i puta i a Leon Te Heketū Blake.

He's stroking the neck of his own chicken
This is a phrase about a man who is pleasuring himself or masturbating. However, it is not always used in a sexual context. It can also describe a male who is gratifying himself, reaping the benefits for himself and not paying attention to anyone else.

Hine: Tama's having a long shower alright.
Aroha: I reckon! He's probably stroking the neck of his chicken.

Peti: What's he on about? That's not what this hui is about.
Hera: Never mind him. He's just stroking the neck of his own chicken.
Peti: Yeah, he just loves the sound of his own voice.

Variation
He only reaps the benefits*

---

* This was said by Leon Te Heketū Blake.

He tara mākūkū
He nui ngā whakamāoritanga o tēnei kupu whakarite. Hoi anō,
ko tōna tikanga taketake ake pea ko te whakarangatira i te wahine
kaha ki te whānau tamariki, ki te moe tāne, ā, he wahine rangatira
ake nei. Hoi anō, i ngā horopaki kapekape, ka whiua hoki tēnei
kōrero ki te wahine e kaha whaiwhai ana i te ure hai kai māna,
hai whakaiti, hai whakatoi rānei i a ia. Kai wareware tātau, kāore
tēnei āhuatanga i te āhuaatua ki te Māori, engari nā te Pākehā kē i
paruparu ai.

Peti: Ka mutu pea te hanga o te tāne rā, nē, Moana!
Moana: E mea ana koe. Kua mākūkū katoa taku tara.

Hera: Kua hōhā katoa au i te tara mākūkū rā, i a Hēni. He
whakararuraru tana mahi.
Peti: Māu pea ia e kōrero, e Hera. Kāore ia e whakarongo mai ki a
au.
Hera: Ahakoa taku kōrero atu, warea katoa ana ia ki tana atua, ki
te ure.

Tētahi mirimiringa
He tou pūaha

A wet vulva
There are several interpretations of this simile. However, its
original meaning pays tribute to a woman who is constantly
giving birth and sleeping with men, but is also held in high
regard. In contexts of joking and banter though, this phrase pokes
fun at a woman who is always in hot pursuit of a sexual partner.
Remember, these things are not offensive to Māori, but it was
Europeans that made them so.

Peti: Damn, that man looks fine, doesn't he, Moana!
Moana: You bet. He's making me all wet.

Hera: I'm over that promiscuous woman, Hēni. All she does is
cause trouble.
Peti: You probably need to talk to her, Hera. She won't listen
to me.
Hera: No matter what I say to her, she's completely fixated on
her god, the penis.

Variation
An open behind; promiscuous

He whare pūngāwerewere

Kāore i ārikarika ngā whakamāoritanga o tēnei kupu whakarite.
I ōna wā he kōrero mō te toi ātaahua,* i ōna wā he kōrero anō
mō tētahi wāhi kāore e tino takahia ana e te tangata, me te aha,
kua kapi i te whare pūngāwerewere. Hoi anō, i ngā horopaki
kapekape, he kōrero anō mō te taihemahema o te tangata, kua
roa e noho mokemoke ana, ā, kāore anō kia purea e te hau mō
tētahi wā.

Moana: Me kai pire rawa koe e tū ai a tama ngarengare i ēnei rā?
Rangi: E hē! Kai te pai noa iho taku rākau.
Moana: Tēnā pīki rūkahu tēnā. Kua roa a raro e mokemoke ana,
kua whare pūngāwerewere.

Hera: Ka pakeke ana te tangata, kāore e pērā rawa te kaha o te
hiahia ki te moe tangata.
Peti: Ehara. Nāwai, nāwai kua whare pūngāwerewere.
Hera: Engari anō te whare pūngāwerewere i te teihana
rerewhenua, nē?

Tētahi mirimiringa
He whare mokemoke

---

* E whakarite ana i te whanikoniko o te toi ki te ātaahua o te whare o te pūngāwerewere.

A house of cobwebs

There are numerous interpretations of this simile. Sometimes it refers to a beautiful piece of art,* at other times it refers to a place where people no longer tread, and it has become a place that is full of cobwebs. However, in contexts of giving tongue-in-cheek, it refers to a person's genitalia that have been untouched or have not had a fresh breath of air for a while.

Moana: Do you need to take a pill for an erection these days?
Rangi: No! My penis is fine, thank you.
Moana: That's a big fat lie. Downstairs hasn't had much attention; it's become a house of cobwebs.

Hera: When people get older, they're not as keen to sleep with people any more.
Peti: That's true. And in time it becomes a house of cobwebs.
Hera: A house of cobwebs is better than a train station, isn't it?

Variation
A lonely house

---

* It compares the adornments of a piece of art to the beauty of a cobweb.

He tou kikī

He kōrero tēnei nā te ao Pākehā, engari kua horapa. E hia nei ngā wā kua rongo au i te rerenga nei i taku whānau mō tētahi tangata kaha ki te penapena i āna pūtea, ka mau tata ki tōna poho, kāore e paku haute i tētahi aha nei. I te ao Pākehā, e tino mōhiotia ana tēnei rerenga, hoi anō, he whakamāori noa iho tēnei i ērā whakaaro.

Peti: Nā wai te kai o te pō i haute i tērā Hatarei? Nāu rānei? Nā Rāwiri rānei?
Hera: Nāku tonu.
Peti: Kātahi rā! Ahakoa te hōhonu o te pūkoro, e kore rawa tērā tou kikī e haute, nē?

Tama: Hoatu te kete koha o te whare karakia ki a Rāwiri.
Atawhai: Moumou te hoatu. Ahakoa te nui o ngā Apirana kai tana wāreti, he Irihāpeti anahe ka maunuhia i te pūkoro o te tou kikī rā.
Tama: Engari anō te Irihāpeti i te kore noa iho!

Ētahi mirimiringa
He touapo
Te mutunga mai o te tou kikī

A tight arse
This phrase originates from English and is widespread. I've heard it many times in my family when talking about someone who always holds on to their money, holding it close to their chest and never shouting anyone or anything. In the European world this phrase is well-known, and this is a literal translation of that saying.

Peti: Who shouted dinner on Saturday night? Was it you or Rāwiri?
Hera: I did.
Peti: Really? Despite having deep pockets that tight arse never shouts, aye?

Tama: Give Rāwiri the donation basket for church.
Atawhai: It's a waste giving it to him. Despite having heaps of Apiranas* in his wallet, that tight arse will only draw out Elizabeths**.
Tama: Elizabeths are better than nothing!

Variations
A greedy bum
The absolute epitome of a tight arse

---

*$50 notes; **$20 notes

He peke taiapa

I ahu mai tēnei kīanga i te reo Ingarihi. He rite te wairua o tēnei kōrero ki tērā o te ure haere, o te tarau makere me tērā momo hunga haere pō. I te nuinga o te wā, kua mana kē te moe a tēnei tangata ki tētahi atu, engari kua karore ki tō tētahi atu moenga takoto ai. E kī ana te kōrero kua peke ia i tētahi taha o te taiapa ki tētahi atu.

Moana: E kare, kua peke taiapa anō tō teina, a Rāwiri. Kua whakarērea a Hinehou mō tētahi wahine kē atu.
Rangi: Me tui pea ngā raho ki te taiapa kia mau ai te iro.
Moana: He wā pea e taka ka mau.

Rāwiri: Kai te aha kē a Hēni i te whare rā?
Peti: Kua peke taiapa ia. Kua hōhā ia i tērā.
Rāwiri: Auē, te heahea hoki.
Peti: Māu te kōrero!

Tētahi mirimiringa
He kōpara kai rērere

Someone who jumps the fence
This phrase is originally from English and has a similar meaning to having a wandering penis or loose pants or being a night wanderer. In most cases the person in question will already be in a relationship with someone, but they then go and lie with someone else. It is said they have jumped from one side of the fence to the other.

Moana: Good heavens, Rāwiri has jumped the fence again. He's left Hinehou for another woman.
Rangi: I should tie his balls to the fence so he learns his lesson.
Moana: In time, maybe he'll learn.

Rāwiri: What's Hēni doing at that house?
Peti: She's jumped the fence. She's done with the other guy.
Rāwiri: What an idiot.
Peti: You're one to talk!

Variation
Unsettled

He pūru kau/tāriana

He kōrero whakakata noa iho tēnei mō tētahi tāne. Kai te kaiwhiu te tikanga mēnā rānei he kōrero whakaiti, he kōrero whakanui rānei tēnei. Kai te whakaritea te tāne rā ki tētahi pūru kau, ki tētahi tāriana hōiho rānei. I te nuinga o te wā, he kōrero mō te nui o te ure, engari he kaitā te kau me te hōiho, ā, he nui ngā wāhanga o tōna tinana e nui ana.

Hine: Ooooh. Ko wai rā te tāriana rā e whakatata mai nā? Āhua Jason Momoa nei te hanga.
Aroha: E mea ana koe! Taihoa kia whakapaipai au i a au anō.
Hine: Me whakapaipai ka tika. Engari he moumou, kua riro kē i a au tana manawa.

Moana: Kāore he take o te pūru a Hine. Ki konā ia tiko mai ai, tiko atu ai, auare ake. Ko ia te mutunga mai o te māngere. Me whakarere ia e Hine.
Rangi: Kauaka e pērā atu, Moana. Kai a Hine tonu tērā whakatau.

Tētahi mirimiringa
Kātahi te pūru kau/tāriana ko tēnā.

A bull/stallion

This is a phrase used for men — either to make fun of them or to acknowledge their good looks. It compares a male to a bull or a stallion. Most times it refers to someone who has a large penis, but it can also refer to other body parts as bulls and horses have many large body parts.

Hine: Ooooh. Who's that stallion coming closer? He kind of looks like Jason Momoa.
Aroha: You bet! Wait, let me just fix myself up.
Hine: You should. But it would be a waste, I've already won his heart over.

Moana: Hine's bull is useless. All he does is sit there and do nothing. He's the epitome of being lazy. Hine should leave him.
Rangi: Don't be like that, Moana. That's up to Hine.

Variation
Now there's a bull/stallion

Ka mimi [tō] tarau
He kīanga anō tēnei hai whakakata noa iho i a tātau — hoi anō, ko
te wawata ia kāore e mākū rawa te tarau! Ko tāna he whakaahua
i te puta o tētahi kōrero, o tētahi āhuatanga e mimi ai tō tarau i
te kata. I pērā rawa te kaha o te kata o te tangata kua puta mai te
mimi.

Tama: E haere ana au ki te mātakitaki i ngā Laughing Samoans
ā te pō Wenerei.
Hine: Ka mimi tō tarau! Ko te mutunga mai rāua o te hātakēhi!

Hera: I rongo anō koe i te hemo o te tou o Hinehou i te wharenui
i nakua nei?
Peti: Āe! I tata mīia taku tarau i te kata! Haruru ana te whare.

Tētahi mirimiringa
Pakaru ana te kata

[You'll] wet your pants (with laughter)
This is another phrase to make us laugh — hopefully not so
hard that we wet our pants though! This saying illustrates how
an event or someone's words or actions can make someone wet
themselves with laughter.

Tama: I'm going to watch the Laughing Samoans on Wednesday
night.
Hine: You'll wet your pants! They are an absolute crack-up!

Hera: Did you hear Hinehou fart in the meeting house just before?
Peti: Yes! I nearly wet myself laughing. The entire house was
cracking up.

Variation
Broke out laughing

He waewae heihei

E mōhio pai ana te hunga korikori ki tēnei momo. Hoki atu, hoki atu te tangata nei ki te whare pakari, ko tana aro noa ko te whakanui i ōna uarua, i tōna poho, ā, he rite tonu tana titiro ki a ia anō i te whakaata, kua mahue i a ia ana waewae. Ko runga o te tinana e pakari ana, engari ia a raro, he rite nei te hanga ki ngā waewae o te heihei, he moroiti. Nō reira, ehara i te mea he aha, e hoa mā, engari kaua e karohia ngā rā waewae kai heihei te āhua.

Tama: Kua haere au ki te whakapakari tinana.
Atawhai: Kai wareware ngā waewae. Kua āhua waewae heihei ōu.

Peti: Titiro ki ngā uarua o te tāne rā.
Hera: Whakamutua atu. Auē, te kino kē hoki o te hanga, nē!
Peti: Ehara! Engari ko runga anahe. Engari ia ngā waewae —
he waewae heihei kē.

Tētahi mirimiringa
He waewae whīroki

Chicken legs

Gym junkies know this type of person. They always go to the gym, but focus on their biceps and chest only, and neglect their legs. Their upper body is toned and muscular but their legs look like those of a chicken, skinny and scrawny. A word of advice, my friends, don't skip leg day, or your legs will resemble chicken legs!

Tama: I'm off to the gym.
Atawhai: Don't forget leg day! Yours are a bit like chicken legs.

Peti: Look at that man's biceps.
Hera: Stop it. My goodness, he is so toned.
Peti: I reckon! But only the top half! The legs on the other hand — he's got chicken legs.

Variation
Slim legs

Kai te whaiwhai pīhau

He kupu anō te pīhau mō te patero, ka mutu, he kōrero tēnei
mō te tangata hōhā e whaiwhai noa ana i te tangata — pēnei i te
patero. He kīanga mō te tangata whaiwhai hoa noa, whaiwhai aha
nei, kua kore e aro ki ngā mahi e tika ana māna, ā, he aha te aha,
kāore he paku aha ka riwha.

Hera: Mōrena, e Peti. Kai te aha? Kua haere mai au ki te whaiwhai
i tō pīhau.
Peti: Nau mai, nau mai! He kakara tonu taku pīhau.
Hera: E kī rā!

Rangi: Auē, kua tae mai anō tērā whakapōrearea!
Moana: Āe, kai te whaiwhai pīhau!

Tētahi mirimiringa
Kai whakapōrearea

Following someone's flatulence — a nuisance
'Pīhau' is another word for flatulence, and this phrase is for
someone who is a nuisance because they follow people around —
like a fart. It describes a person who follows the scent of others,
doesn't pay attention to what they should be doing and doesn't
achieve anything.

Hera: Morning, Hera. What are you doing? I've come to be a
nuisance (follow your fart).
Peti: Welcome, welcome! My fart smells lovely.
Hera: Is that so!

Rangi: Goodness, that pain in the bum is here again.
Moana: Yeah, she's just being a nuisance.

Variation
Don't be a nuisance

Ka kai koe i ō hamuti

He kōrero whakatūpato tēnei i te tangata ka whakateka kia mahia e ia tētahi mahi, ā, ki te pērā ia, ka puta he raruraru, he mate, he aha rānei. He kupu anō te hamuti mō te roke, ā, he rite te wairua ki te kōrero mō te kai i tō ruaki e tohutohu nei i te tangata me tūpato ia ki ngā kōrero, ki ngā mahi ka mahia e ia. Mā te horopaki e tohu mehemea rānei he momo whakatūpato, he momo kapekape rānei tēnei. He rite tonu te whakamahia i ngā horopaki whakataetae pēnei i te hākinakina.

Rāwiri: Kua whakatau māua ko Hinehou kia mārena māua ā tērā tau.
Hēni: Auē, Rāwiri. Ka kai koe i ō hamuti. Kai te whaiwhai noa tērā i ō pūkoro hōhonu.

Hera: Kua whakaae atu māua kia hūnuku mai te tama a Rāwiri ki tō mātou mō tētahi wā.
Peti: Ka kai koe i ō hamuti, e Hera. He nanakia te tama rā.
Hera: He whānau tonu. Tē taea te aha.

Tētahi mirimiringa
Ka kai koe i tō ruaki

You'll eat your own faeces — you'll regret it
This phrase is a warning to someone who pushes their luck.
'Hamuti' is another word for faeces and the phrase is similar in
nature to the saying about eating your own spew, which also
warns someone about the consequences of their actions. Whether
or not this phrase is a warning or said in jest is up to the speaker.
It's often said in competitive contexts like sports.

Rāwiri: Hinehou and I have decided to get married next year.
Hēni: Gosh Rāwiri, you'll regret it. She's just chasing after your
deep pockets.

Hera: We've agreed for Rāwiri's boy to come and live with us for
a bit.
Peti: You'll regret it, Hera. That boy is a mischief.
Hera: He's family. What other option do I have?

Variation
You'll eat your own spew

[Tō] moho

He kupu anō te moho mō te porokohete, mō te māhunga wai,
mō te upoko kōura. Āhua heahea nei ngā whakaaro o te tangata
nei, tae atu ki ana mahi, ki ana kōrero. Ahakoa te kīia o te kōrero
kāore he pātai heahea, māna noa ake te kore e heahea i te tangata
nei. Whiua ai tēnei rerenga ki te whakaiti, ki te whakatoi hoki i te
tangata i ngā horopaki kapekape.

Peti: I rongo rānei koe i ahatia e Atawhai te waka o Moana?
Hera: E hē. I ahatia?
Peti: I hē tana whakarite i te kia. Kāore i haere whakamua, engari
kē ia i meatia kia hoki whakamuri, ka tūkia te hēte.
Hera: Tōna moho!

Rangi: Kua tapahitia e au ngā rākau o muri rā, e te tau, kia kore ai
e whakapōrearea.
Moana: Tō moho! He rākau pītiti kē ērā! Mahue tō pātai mai i mua
i tō tapahi poka noa i ngā rākau. Kua rima tau ērā rākau e tipu
ana!
Rangi: Mō taku hē, mō taku hē! Kāore au i mōhio!

Tētahi mirimiringa
He porokohete

[You] dumb arse

The word 'moho' is another word for a blockhead, for someone who is a book short of a bookshelf. They are dim, in their actions and in what they say. Despite that saying there is no stupid question, it's likely that this person will prove that wrong. This phrase is used to belittle or to be cheeky in contexts of giving tongue-in-cheek.

Peti: Did you hear about what Atawhai did to Moana's car?
Hera: No. What happened?
Peti: He put the gear in the wrong position. Instead of putting it in drive, he put it in reverse and crashed it into the shed.
Hera: What a dumb arse!

Rangi: I've cut down the trees at the back, dear, so they don't get in the way.
Moana: You dumb arse! Those were peach trees! You should have asked me before you went randomly chopping down trees. Those trees have been growing for five years.
Rangi: I'm sorry, I'm sorry! I didn't know!

Variation
A blockhead

[Tō] hamuti

He kīwaha tēnei ka whiua ki te tangata hai whakaatu i tō whakahē i ngā kōrero a tētahi ki a koe mōu, mō tētahi atu, mō tētahi take kē rānei. He whakatūpato hoki tō tēnei kōrero e mea ana, kai noho rātou ka kōrero mai (*He Kohinga Kīwaha*, 1999). Kai runga i te wairua o te tuku mēnā rānei ka kapekape, ka whakahāwea rānei tēnei i te tangata mōna ērā kōrero.

Hine: Ki a au te tūru o mua!
Tama: Tō hamuti, tō hamuti! Ko au kē te mea pakeke!
Hine: Hai aha māku tērā! He roa ake aku waewae, nō reira me noho koe ki muri!

Hera: Auē, Corocodile Dundee, kōrua ko ō hū. I mate rānei he karakotaera i ērā?
Rāwiri: Tō hamuti, e Hera.
Hera: Kaua e pāmamae mai, Crocodile Dundee.

Ētahi mirimiringa
Ō rātau hamuti!
Tō roke!

You're all dung — get stuffed
Use this expression to show how annoyed or upset you are with someone or something. This phrase can be used as a warning to someone to not speak to you (*He Kohinga Kīwaha*, 1999). As usual, your tone of voice determines if it is said in jest or in true disdain.

Hine: Shotgun the front seat!
Tama: Get stuffed! I'm the oldest!
Hine: I don't care. I've got longer legs so you can sit behind!

Hera: Goodness gracious, your shoes! Did a crocodile die for those?
Rāwiri: Get stuffed, Hera!
Hera: Don't get upset, Crocodile Dundee.

Variations
Up theirs!
Up yours!

Māu tōu ene

He kupu anō te 'ene' mō te tou o te tangata, o te aha kē rānei, mō te wāhi e puta ai ngā hamuti, ngā para o te tinana, o te kai. Whiua te rerenga nei ki te whakahē koe i ngā kōrero, i ngā tāpaetanga rānei a tētahi. Ka ngaua ana ō rātou tou, kua warea rātou ki tērā, ā, kua kore ia e tino whai wāhi atu ki te tuku i ngā whakaaro heahea ake nei.

Moana: Me kuhu rānei tāua ki te Iron Māori ā tērā tau?
Rangi: Māu tōu ene! Ki hea noa iho au kataina ai.

Hine: Māu tā tātau karanga, Aroha.
Aroha: Tō ene! Ko koe kē te mea pakeke.

Tētahi mirimiringa
Tōu ene!

Go and bite your bum
'Ene' is another word for one's bum, for the part of the body
that excrement comes out of. Use this phrase if you are opposed
to something that someone has said or want to reject or show
contempt for their contribution. Biting their bum will keep them
distracted so they won't be able to contribute any more stupid
ideas!

Moana: Shall we enter Iron Māori next year?
Rangi: Not on your life! I won't give them the satisfaction of
laughing at me.

Hine: You can do our karanga, Aroha.
Aroha: Not on your nelly. You're the older one.

Variation
Not on your life!

Kua pakaru te hamuti
Kua rangona e au tēnei kīwaha i ngā horopaki e rua. Ko te tuatahi,
he kōrero mō te mataku o te tangata ki tētahi āhuatanga, kua tata
tiko tana tarau. Ko te tuarua, he kōrero mō te tangata kua pau
katoa tana hau, me te aha, e kore pea e tutuki i a ia tētahi mahi.
Nō reira, e pai ana kia whiua tēnei kīwaha i ngā horopaki
kapekape hai whakatoi i te mataku, i te āhua koretake rānei
o te tangata. He kōrero rānei nāu mōu ake i te korenga ōu i
whakatutuki i tētahi mahi.

Rangi: E tākaro pā whutupōro ana a Rāwiri mō te hapū i ngā *Pā
Wars* ā tērā wiki.
Moana: Kāore he take o tērā. Ka rima meneti noa iho, ka pakaru
te hamuti.

Hine: I kuhu mātau ko Tama ki te whare kēhua i te tāone i te
pō rā.
Aroha: I pakaru ō koutou hamuti?
Hine: E mea ana koe! Tata mīia taku tarau.

Tētahi mirimiringa
Pakaru te tero

Scared shitless, absolutely stuffed
I've heard this idiom in two contexts. The first concerns someone who is so frightened of something that they almost poo their pants. The second concerns a person who is so exhausted they are unable to complete something. So, this idiom can be useful in both contexts if you want to poke fun at someone who is scared or at someone who is a bit useless or unable to complete something.

Rangi: Rāwiri is playing touch rugby for the subtribe at next week's *Pā Wars*.
Moana: He's useless. After five minutes he'll be buggered.

Hine: Tama and the rest of us went into the haunted house last night.
Aroha: Were you all scared shitless?
Hine: You bet! I nearly peed my pants.

Variation
Scared out of this world

Ō piropiro, kai te pēhea?

Kua horapa te rere o te pātai, otirā, o te kōrero nei i ēnei rā, e pātai ana mō te pai rānei, mō te kino rānei o ngā piropiro o te tangata. Ko tōna tikanga taketake ake he momo whakatoi i te tangata e āhua hē nei ngā rā, e āhua kawa nei te āhua i tētahi āhuatanga kua puta. Hoi anō, atu i te tuku pātai, he pai noa iho hai kōrero i te āhua o te tangata.

Rāwiri: Tērā porokohete!
Peti: Auē! Ō piropiro Rāwiri, kai te pēhea?

Moana: Waiho noa atu tērā ki reira kino mai ai. Kua kino ngā piropiro.
Rangi: Nē? He aha ai?
Moana: He kore nōku i whakaae kia haere ia ki te pāti i te pō nei.

Ētahi mirimiringa
Kai te kino ngā piropiro
Kai te pai ngā piropiro

What's up with you?
This phrase has become widespread. It's a question about whether someone is feeling good or bad. Its original purpose was to poke fun at someone who is in distress or does not like something that's occurred. However, it can also be used to ask how someone is, as well as for a person to use it about themselves.

Rāwiri: That blockhead!
Peti: Goodness! What's up with you, Rāwiri?

Moana: Leave that sour one over there. She's in a bad mood.
Rangi: Really? What's up with her?
Moana: I said no to her going to the party tonight.

Variations
In a bad mood
In a good mood

Pakaru mai te haunga
He kīwaha tēnei e whakaahua ana i te koretake o te mahi a tētahi
tangata, o tētahi āhuatanga rānei kua puta. Kāore pea e kaha
whakamahia ana i ēnei rā, hoi anō, he kīwaha rawe hai tāwēwē i
te ngutu o te kaikōrero reo Māori.

Peti: Pakaru mai te haunga o te kai i te pō rā.
Hera: I mōhio au ka pērā. Kua tae atu au ki te wharekai rā, ā, ko
ngā kai te mutunga mai o te mākihakiha.
Peti: Ehara! Engari ko te hunga hoki i tae atu, ko mutunga mai o te
maroke.

Atawhai: I mātaki rānei koe i te kēmu i te pō rā?
Tama: Āe, pakaru mai te haunga. Moumou taku aro atu.

Ētahi mirimiringa
Kāore he take
He koretake

The pits

This is an idiom that describes how useless someone's work is, or an unfortunate circumstance. It probably isn't widely used these days, but it is a great phrase to add to your basket of knowledge.

Peti: The food last night was the pits.
Hera: I knew it would be like that. I've been to that restaurant and the food there is always really bland.
Peti: I reckon. But it was also the company, they were absolutely boring!

Atawhai: Did you watch the game last night?
Tama: Yeah, but I wish I hadn't. It was the pits!

Variations
No use
Useless

3
He rerenga kē

Ko ngā rerenga e whai ake nei he āpitihanga atu ki ngā kōrero mō runga me raro o te hope. Ehara i te mea e hāngai anahe ana ēnei ki ngā wāhanga o te tinana, hoi anō, whakamahia ai hai whakakata, hai whakarākei rānei i te reo o te tangata i ngā horopaki kapekape.

Ko ētahi e rangiwhāwhā ana, e tukipū ana, ā, ko ētahi e tūmataiti ana. Ka mutu, koiaka hoki te āhua o tēnei momo reo i ōna wā; ka rere i ngā horopaki taupiri o te whānau reo Māori.

Ko te uaua ai o te rangona o ēnei momo rerenga i ētahi wāhi, ka whakatau ai au kia tuhia ētahi ki ngā whārangi o te pukapuka hai kai mā tēnā, mā tēnā, hai whao ki tō kete rerenga.

He moku kohikohinga noa iho tēnei kua rongo nei au i roto i ngā tau, i tata hemo ai au i te kata! Arā kē noa atu ngā momo rerenga pēnei, ā, ko te kahu noa iho tēnei o te wai. Hoi, kai wareware, ehara i te mea ka ngahau noa iho te tangata i ngā momo rerenga nei. Kai runga i tō whiu, i te horopaki rānei te ngahau, te maroke rānei o ō kōrero.

3
Other phrases

Moving on from above and below the hips, the following phrases don't necessarily relate to body parts — but they are still great expressions for some witty banter or to make others laugh or to embellish language used in jest and banter.

Some are general and widespread, while others are lesser known. At times, that's the nature of this type of language; it flows freely in intimate contexts of Māori language speaking families.

Because of their rare use, I decided to include these phrases in the book so you can choose whether to add them to your basket of phrases or not.

This is a small collection of phrases I've heard over the years that have made me giggle — and some that have almost had me die from laughter! There are tons of these types of phrases, and these are just the the tip of the iceberg. Remember though, you don't automatically become funny by uttering these phrases — whether they come across as dry or amusing is down to how you say them, and the context or circumstances.

He kimikimi noa iho

Whiua ai tēnei kōrero ki te tangata, e te tangata rānei, e kapokapo noa iho ana i ngā whakaaro i te takiwā, he mōhio pea nōna ki te hē o tana whakapae, ā, kai te kimi takunga, kai te kimi rūkahu haere ia māna e tika ai ia. Engari e mōhio nei tātau, kai te kari kē te tangata nei i tana rua.

Hera: Kāore au i te pīrangi haere i te pō nei. Homai he rūkahu.
Peti: Kua mate tō ika.
Hera: E kare. He kimikimi noa iho tērā.
Peti: Me pēhea e kore ai? Ko koe kē kai te kimikimi rūkahu.

Rangi: Ka tono pea au i a Rāwiri ki te tiaki i ngā tamariki hai te pō nei. He aha ō whakaaro?
Moana: Kai te tino kimikimi noa iho koe ināianei. Kāore a Rāwiri e mōhio ki te rerekē o te kope me te aikiha.

Tētahi mirimiringa
He kōrero parau

Grasping at straws

This phrase is said about someone who is pulling ideas from anywhere, whether out of desperation because there are no other options, or because they know they are in the wrong and are looking for an excuse or a lie that will make them seem right. As we know, all this person is doing is digging themselves a bigger hole.

Hera: I don't want to go tonight. Give me an excuse not to go.
Peti: Your pet fish is dead.
Hera: What the ...? You're just grasping at straws.
Peti: What else do you expect? You're the one looking for a lie.

Rangi: I think I'll ask Rāwiri to look after the kids tonight. What do you think?
Moana: Now you're really grasping at straws. Rāwiri wouldn't know the difference between a nappy and a hanky.

Variation
A falsehood

[Ētahi] mokoweri!

He rerenga tēnei mō te hunga kai te ao kōhatu tonu me ngā
mokoweri e noho ana me ō rātau whakaaro.

Hai whakatauira, ko te hunga kāore e rata mai ki te reo Māori
i te pouaka whakaata, i te hokomaha, i hea rānei. Hoi anō, kua
huri te ao, me tahuri mai rātau. He rerenga tēnei hai whiu ki tērā
hunga, ki te hunga whakatakē mō te whakatakē noa iho te take,
e hiangongo ana ki ngā rā o te ao kōhatu, ki te ao, e ai ki a rātau, i
pai rā.

Moana: He kaikiri nō te tāone rā, kua kore he Māori e tū ki ngā
tūru Kaunihera.
Rangi: Ētahi mokoweri, nē? Mai mai te kaikiri i tērā tāone.
Moana: Ehara, ehara!

Rāwiri: E kore rawa au e whakaae kia tū te wahine ki te kōrero ki
te marae ātea.
Peti: Tētahi mokoweri ko koe, Rāwiri. Ka mea ka taki whakamāmā
i a koe. He maroke nō ngā tāne ki te kōrero, me tū kē ko ngā mea
wāhine.
Rāwiri: Korekore rawa nei. Nāku āku tikanga, nāu āu.

Tētahi mirimiringa
Tētahi mokoweri ko koe

[They're] such dinosaurs!

This phrase refers to people who have outdated views and are still living in the Stone Age or back with the dinosaurs.

For example, those who are not fond of te reo Māori will complain about the use of te reo on television, in the supermarket and elsewhere but they need to realise times have changed and they need to catch up. This is the perfect phrase for people like that, who sneer just for the sake of sneering and pine for the Stone Age and a time that was, in their opinion, the 'good old days'.

Moana: That town is so racist that Māori no longer run for seats on the Council.
Rangi: They're such dinosaurs, aren't they? That town's been racist for ages.
Moana: You know it!

Rāwiri: I'll never agree to women speaking on the marae forecourt.
Peti: You're such a dinosaur, Rāwiri! You need to ease up. Men are so boring at speaking, so women should stand instead.
Rāwiri: Never ever. My customs are mine, and yours are yours.

Variation
You're such a dinosaur

[Kōrua] ko [ō] uaua kiore

Ko te tauaro o te uaua kiore ko te uaua parāoa. He mea mirimiri
noa tēnei i te whakataukī, 'Ehara i te uaua tangata, otirā, he uaua
kiore.' He rerenga tēnei hai whakatoi i te tangata mehameha,
kāore ōna kaha.

Tama: Ka kite i a koe ākuanei. Kua haere au ki te whare
whakapakari tinana.
Atawhai: Āe, me haere ka tika, e pakari ake ai kōrua ko ō uaua
kiore.
Tama: Ko kōrua me ō waewae heihei kē me haere!

Rāwiri: Haria mai kōrua ko ō uaua kiore ki te āwhina i a au ki te
hiki i te mea nei.
Atawhai: Ka whati tō tuarā, e koro. Waiho mā māua ko ōku uaua
parāoa e hiki.
Rāwiri: He aha hoki!

Tētahi mirimiringa
Kōrua ko ō uaua pakupaku

[You've] got the muscles of a mouse
A person with the muscles of a mouse is the opposite of someone
with the muscles of a sperm whale. I have altered the proverb,
'They are not the muscles of a man, but of a mouse.' This is a
phrase to give cheek to someone who is weak and has no strength.

Tama: I'll see you soon. I'm off to the gym.
Atawhai: Yeah. You should go and make your mouse muscles
bigger.
Tama: It's you and your chicken legs that should go!

Rāwiri: Come over here with your little mouse muscles to help me
lift this thing.
Atawhai: Your back will break, old man. Leave it to me and my
big muscles.
Rāwiri: Whatever you say!

Variation
You and your small muscles

Ka ruaki te poaka

Ko tā te poaka he noho noa ki tōna paru. Ki te puta i te tangata te kōrero, 'Ka ruaki te poaka', i tētahi āhuatanga, he tohu i te kōhangaweka, i te paruheti o taua mea rā. Mehemea ka ruaki te poaka i taua mea rā, ko te mutunga kē mai tērā o te riko. Nāwai i paruheti, ka paruheti rawa atu.

Peti: Nā wai tēnei whakamara i mahi? Nāu Rāwiri? E Hera, tēnā whakamātauhia.
Rāwiri: Āe, nāku tonu. He aha ai?
Hera: Hika, nō te wā i a Te Kooti mā tēnei! Ka ruaki te poaka!

Aroha: He hamuti noa te wharepaku i te marae. Me haere i mua i te wehe.
Hine: Auē, ka ruaki te poaka i ngā hamuti.
Aroha: E mea ana koe. Ka werohia hoki tō tou e te wāpi.

Tētahi mirimiringa
Te mutunga mai o te paruparu

Even a pig would vomit

It is often said that all a pig does is sit in their own filth and grime. Saying that something would make a pig vomit draws attention to how dirty or unsavoury that thing is — if it's bad enough to make a pig vomit it must be the ultimate in filth! It's gone from filthy to even filthier.

Peti: Who made this fermented food? Was it you, Rāwiri? Hera, taste this.

Rāwiri: Yes, it was me. Why's that?

Hera: Wow, this must have been made when Te Kooti was still alive! Even a pig would vomit.

Aroha: The marae only has a longdrop so you should go to the toilet before we leave.

Hine: Oh no! Even a pig would vomit at the smell of some longdrops.

Aroha: Isn't that the truth! And to make it worse your arse gets stung by wasps.

Variation

The epitome of filth

Papā te whatitiri, hikohiko te uira

Kua rangona e te nuinga o te Māori tēnei rerenga, ka mutu, kai ngā tini haka e takoto ana, e whakaahua ana i ētahi āhuatanga. Kua rongo hoki au i tēnei rerenga e whakamahia ana mō te mahimahi, mō te ekeeke, me te onioni. Ina koa, mō te mahi ai, ā, i pērā rawa te pai, ka hikohiko te uira, ka papā te whatitiri.

Moana: Tēnā, kia haere tāua, e Rangi, ki te rūma, kia papā ai te whatitiri, kia hikohiko te uira.
Rangi: Me haere rawa ki te rūma, e te tau? Ko tāua anahe kai te kāinga.

Hera: I pēhea tō pō, e Peti? I papā te whatitiri, i hikohiko te uira?
Peti: E mea ana koe! Haruru ana te whare.

Tētahi mirimiringa
Haruru ana te whare

The sky flashes and the thunder trembles
Most Māori have heard this phrase, and it is mentioned in many
haka to describe various events and scenarios. I have also heard
this phrase used specifically for sexual intercourse. In particular, it
refers to sex so good that the skies flash and thunder trembles.

Moana: Let's go to the room, Rangi, so the sky can flash and the
thunder can tremble.
Rangi: Must we go to the room, my love? It's only us home.

Hera: How was your night, Peti? Did the sky flash and the
thunder tremble?
Peti: You bet! The house was shaking.

Variation
The house was shaking

He tangata patu namu
Ki te mōhio koe ki tētahi tangata māngere, koinei te kōrero mōna.
Māna noa ake te kore e noho nei ia i tōna tou, he patu namu noa te
mahi. Mō te hunga e noho ana ki uta, ki te ngahere, ki ngā awa, e
mōhio pai ana koutou ki te mahi a te namu. Ki ētahi atu he ngaro
kē pea ka noho i tēnei rerenga, hoi anō, ko taua āhua tonu o te
tangata, he noho noa ki konā titiro mai ai, titiro atu ai.

Rangi: He aha koe i haramai ai ki te marae ki te noho noa koe ki
konā patu namu ai?
Rāwiri: E kī rā. Ko wai i tohu i a koe hai rangatira?
Rangi: Kai te kite rānei koe i aku ringa raupā?
Rāwiri: Nō te whare pakari noa iho ēnā.

Hera: Kai hea tā tāua tama?
Peti: Tērā koretake. He noho noa ki te kāinga patu namu ai.

Ētahi mirimiringa
He tangata patu ngaro/rango
… patu namu ai

Only good for swatting sandflies

If you know someone who is lazy, this is a phrase for them. Chances are they're sitting on their backside swatting sandflies. If you live inland near forests and rivers, you will know what a sandfly does! Some people substitute a fly for the sandfly in this phrase, but it still refers to someone who is lazy and sits around doing nothing.

Rangi: Why did you come to the marae if all you're going to do is sit there swatting sandflies?
Rāwiri: Get you. Who made you the boss?
Rangi: Can't you see my calloused hands?
Rāwiri: That's just from the gym, not from real work.

Hera: Where's our boy?
Peti: That useless one. All he does is stay home swatting sandflies.

Variations
Only good for swatting flies
… swatting sandflies

He mīanga [koe] nō taku tuarā

I rongo tuatahi au i tēnei rerenga i a Tā Tīmoti Kāretu. He rite te wairua o te rerenga nei ki tērā o te 'ihu hūpē'. He kōrero mō te waha a te matua, a te whaea rānei i te tamaiti nōna e pēpi ana, ā, ka mīia e te pēpi te tuarā o tana kaiwaha. He mea whiu tēnei rerenga e te pakeke ki ngā tamariki e rongo ai rātau i te whakaiti, me te hūmārie.

Rāwiri: Kai tohutohu mai koe i ahau, e Tama. He mīanga koe nō taku tuarā.
Peti: E tama, e. Kai pāmamae, Rāwiri. He tamaiti noa iho tēnā.

Aroha: Kai te hē te takoto o tērā rerenga, Aunty.
Hera: E kī rā? Kai wareware, he mīanga koe nō taku tuarā!
Aroha: Hoi anō, he tika anō te tika, he hē anō te hē.

Tētahi mirimiringa
He wahawaha koe nāku

[You] once urinated on my back

I first heard this phrase from Sir Tīmoti Kāretu. It is similar in nature to the phrase 'one with a snotty nose', and refers to the time when a person was carried on their parents' back as a baby and relieved themselves while in this position. This phrase is said by an adult to someone younger in order to humble them and put them in their place.

Rāwiri: Don't tell me what to do, Tama. You once peed on my back.
Peti: Goodness, don't get upset with him, Rāwiri. He's just a child.

Aroha: That sentence is incorrect, Aunty.
Hera: Is that so? Don't you forget, you once peed on my back!
Aroha: I'm just saying that what's right is right and what's wrong is wrong.

Variation
I once carried you

Kua puta te taniwha i te rua

E mōhio ana tātau katoa ki te momo ka noho noa ki ō rātau rūma, he moeroa, he aha ake rānei te mahi. He kōrero tēnei mō te tangata noho ki tētahi wāhi, me te kore e tino kitea e te marea. He pukumahi pea nōna ki ngā mahi o te kura, he warea rānei e te mīhini ātea, he haere rānei ki te tangimeme, he aha ake rānei. Engari koinei tētahi rerenga hai whiu ki a rātau ka puta ana rātau i tō rātau rua.

Atawhai: Ā, kua puta te taniwha i te rua!
Aroha: Āe, kia oti ngā mahi kua oho au.
Atawhai: E mea ana koe! Kua tata kē te tina. Kātahi rā te moeroa ko koe!

Peti: Kia ora! Kua ara anō te tūpāpaku!
Rāwiri: Āe, kua puta tēnei taniwha i tana rua.
Hera: E hoki, e hoki. I pai kē atu i a koe e huna ana.
Rāwiri: Ka mea ka taki hoihoi, e Hera.

Ētahi mirimiringa
Kua puta te tuna i te hīnaki
Kua puta te kēhua
Kua ara anō te tūpāpaku

The monster has come out of hiding
We all know the kinds of people who stay in their rooms, sleeping in or doing whatever it is they do in there. This phrase is for someone who stays hidden away and is rarely seen by other people. It might be because they are busy studying, or they might be preoccupied with video games, or they might have gone to their room to sulk. This is the phrase to say to them when they eventually come out of their cave.

Atawhai: Ah, the monster has come out of hiding!
Aroha: Yes, once all the work is done, I wake up.
Atawhai: You bet! It's almost lunch time. You're such a sleepyhead!

Peti: Hello! The corpse has risen!
Rāwiri: Yes, this monster has come out of hiding.
Hera: Go back, go back. It was better when you were hidden away.
Rāwiri: Why don't you be quiet, Hera.

Variations
The eel has come out of the eel trap
The ghost has come out
The corpse has risen

He kōrero ki te kanohi, he kōrero ki te tuarā
Kōrerohia ai tēnei kōrero mō te kanohi rua. Kua puta he kōrero ki
tō kanohi, mea rawa ake, he kōrero kē kua puta ki tō tuarā. He nui
kē ngā horopaki e tareka ana tēnei kōrero. He kōrero hai taunu,
hai whakamā, hai kapekape i te tangata āhua toupiore nei.

Hera: I kite rānei koe i te pōhi a Rāwiri?
Peti: Āe, tērā toupiore! He kōrero ki te kanohi, he kōrero ki te
tuarā!
Hera: Mahue tana kī noa mai i ōna whakaaro. Mea rawa ake, kua
taunutia tāua ki Pukamata hai kite mā te ao.

Moana: Nā wai te keke whakamutunga i kai?
Rangi: Mō taku hē. Nāku kē.
Moana: Ha! I pōhēhē au e kai hauora ana koe. He kōrero ki te
kanohi, he kōrero ki te tuarā, nē!

Ētahi mirimiringa
He kanohi rua
He arero teka/horihori
He ngau tuarā

One thing to the face and another to the back
This phrase is for someone who is two-faced. They say one thing
to your face, but the next minute they're saying the opposite
behind your back. There are several contexts where this can be
used to ridicule someone, to embarrass them, to get cheeky to
them, or to call them out for being a coward.

Hera: Did you see Rāwiri's post?
Peti: Yes, that coward! He says one thing to the face and another
behind the back!
Hera: He should have just told us what he thought. Next minute,
we're being criticised on Facebook for all the world to see.

Moana: Who ate the last piece of cake?
Rangi: My bad. I did.
Moana: Ha! I thought you were supposed to be eating healthily.
One thing to my face and another behind my back.

Variations
Two-faced
A liar
A backstabber

Kōrero, kōrero

Me ka whakaae koe ki ngā kōrero a te tangata, whiua tēnei rerenga hai tohu atu i tō tautoko, i tō hiahia kia kōrerotia tonutia, i tō pīrangi kia whakamōmonatia rānei. Mēnā rānei kai te mihia koe, kai te kōrerohia tō ātaahua, tō purotu, tō atamai, tō aha rānei, koineki tētahi kōrero hai karawhiu atu māu.

Rangi: Moana! Te ātaahua hoki o tō āhua.
Hera: Te tika hoki! Ko taku kauwae kai te papa!
Moana: Tēnā kōrua. Kōrero, kōrero.

Tama: Ka rawe tō kēmu i te rā nei, Atawhai.
Atawhai: Kōrero, kōrero.
Tama: E hē, kai nui rawa tō māhunga.

Ētahi mirimiringa
Mihi mai, mihi mai
Koinā te kōrero

Carry on, carry on
If you agree with something someone is saying, use this phrase to show your support and that you want them to keep talking. For example, if someone is praising you, your beauty and your cleverness, this expression is what you can use in reply.

Rangi: Moana! You look beautiful.
Hera: Yes, so true! My jaw has dropped!
Moana: Why thank you both, keep the compliments coming.

Tama: You had a good game today, Atawhai.
Atawhai: Keep going, keep going.
Tama: Nah, your head will get too big.

Variations
Keep the compliments coming
That's it

He oatekēti/oatemāka

He whakamāori tēnei i te rerenga Pākehā mō te tangata āhua 'tua o tāwauwau' nei, arā, me kī pea he 'momo'. E mōhio pai ana tātou ki tētahi (ki ētahi tāngata rānei) e pēnei ana, ā, he wā tōna he āhua heahea nei ngā mahi, ngā kōrero rānei ka puta i ō rātou waha. Nā, kua kaha rongo au i te kōrero 'oatemāka', hoi anō, he whaiwhai noa te 'oatekēti' i taua whakatakotoranga rā.

Peti: I rongo anō koe mō tō hoa, mō Kare?
Hera: E hē. He aha rā?
Peti: Nāna te whare i whakaoho i te pō rā. Ka makere tana tarau, ka karawhiua e ia tana haka.
Hera: I nē! He oatemāka tērā!

Moana: Auē! He oatekēti tō mullet.
Atawhai: Kai te pai noa iho. Koinei te tino tāera makawe i ēnei rā.
Moana: Heoi, me kore ake a Joe Dirt.

Tētahi mirimiringa
Kai tua o tāwauwau

Out the gate, over the mark
This is a translation of the English phrase for someone who is
away with the fairies, or as we say, someone 'unique'. We all
know someone (or a few people!) like this, and there are many
times when they do and say stupid or far-fetched things. I've often
heard the phrase 'over the mark', however, 'out the gate' is used
too.

Peti: Did you hear about your friend, Kare?
Hera: No, what happened?
Peti: He woke the whole house up last night. He took his pants off
and did a haka.
Hera: Really? That's over the mark!

Moana: Goodness. Your mullet is out the gate!
Atawhai: It's fine. It's the new hairstyle these days.
Moana: Well, you look like Joe Dirt.

Variation
Away with the fairies

Tētahi whakaparana

I kaha rangona tēnei kupu, te whakaparana, nōku e tai ana.
Whiua ai tēnei kupu ki te tangata whakamenomeno, ki te tangata
whakatamarahi. Ki te mīreirei te tangata, ki te whakaahua ia i tōna
pai, kua whiua tēnei kōrero ki a ia, mōna rānei.

Peti: Kua tae mai tō tino tuahine, e Hera.
Hera: Tētahi whakaparana. Tirohia ana kaka. Me te mea nei ko te
māmā tērā o te Kuīni.
Peti: Ko te Kuīni tonu rānei.

Tama: Tirohia a Rāwiri e mīreirei haere ana.
Atawhai: Me te mea nei kāore ōna hamuti e haunga.
Tama: Ka mutu te whakaparana ko ia.

Tētahi mirimiringa
Mō te whakaparana, kāore he painga i a …

Such a show-off
I heard the word 'whakaparana' a lot when growing up. It is said to a showy person or someone who brags. If someone prances about in an attempt to show off their talent or skills, you can use this phrase about them or say it to them.

Peti: Your favourite sister is here, Hera.
Hera: She's such a show-off. Look at her clothes. It's as if she's the Queen's mother.
Peti: Or the Queen herself!

Tama: Look at Rāwiri prancing about.
Atawhai: As if he's holier than thou.
Tama: Yeah, he's such a show-off.

Variation
When it comes to being a show-off, no one is better than …

Kai te kimi kutu

Ki te whiua tēnei rerenga ki te tangata, he kōrero mōna e haku ana
mō te haku noa iho te take. He kaha rawa te aro a te tangata nei
ki ngā mea tātakimōri, ā, he nawe ōna ki ngā mea moroiti katoa.
I ahu mai tēnei kōrero i te hāpaki a te tangata i ngā kutu i ngā
makawe o tētahi atu tangata.

Moana: Me heke te tangata rā i tana tūranga. Kua roa ia e patu
nanu noa iho ana.
Rāwiri: Kāti tērā, Moana. Kai te kimi kutu noa iho koe.
Moana: Ehara i te mea kai te kimi au, arā kē e whātaretare mai rā i
tana koretake.

Peti: Me tēpara ngā puku o ērā mea e haka mai nā. Kua tautau
rawa ngā puku.
Rāwiri: Kāti te kimi kutu, e Peti. Kai te pai noa iho rātau.
Peti: Ko koe anō tētahi, Rāwiri. Kua whai puku anō koe. Ka mea
ka taki haere ki te oma.

Ētahi mirimiringa
Kai te komekome kurī
Kai te hāpaki riha

Nitpicking
This phrase is said to someone who's complaining for the sake of complaining. A nitpicker is someone that gives too much attention to unimportant detail and finds fault in the smallest things. The term comes from the act of manually removing nits from another person's hair.

Moana: That person needs to resign their position. They've been swatting sandflies for too long.
Rāwiri: Stop that, Moana. You're just nitpicking.
Moana: It's not like I'm looking for it! His uselessness is staring me in the face.

Peti: Those ones doing the haka need to staple their stomachs. Their stomachs are sagging.
Rāwiri: Stop nitpicking, Peti. They're fine.
Peti: You're another one, Rāwiri. You've grown another stomach. Why don't you go for a run?

Variations
Senseless complaining
Catching lice

[Kua] hoki ki te kai i [tana] ruaki

He whānui te whakamahinga o tēnei rerenga. Tukua ai ki te tangata nāna anō tōna mate i kimi, nāna anō tōna rua i kari. I mahia rānei, i kōrerohia rānei e tētahi tangata tētahi mahi, me te aha, i raru te tangata nei, ā, me rongo ia i te hē o ana mahi, me hoki ki te kai i tana ruaki.

Moana: Kaitoa! Kua mau tēnā i ana rūkahu, ā, kua tōia atu ki te kōti.

Hera: Nāku ia i whakatūpato, engari auare ake. Ahakoa tana kī mai i tana mōhio, kua hoki ia ki te kai i tana ruaki.

Moana: Koirā te utu o te taringa kōhatu.

Tama: Kāore e pahawa i a koe te rima kiromita, Atawhai.

Atawhai: Taihoa koe e kite. Ka hoki koe ki te kai i tō ruaki, e Tama.

Tama: E hē. Ko koe kē ka pērā.

Ētahi mirimiringa
Nāna tana rua i kari
Nāna anō tōna mate i kimi

Gone back to eat [their] own vomit

This phrase is used widely for someone who asks for trouble
and subsequently digs their own grave. This person does or says
something that gets them into trouble. As a consequence, they
must accept the unpleasant results of their actions, that is, go back
and eat their own vomit.

Moana: Good job! He's been caught out by his own lies and
hauled into court for his actions.
Hera: I warned him but to no avail. Despite telling me that he
knew better, he's now gone back to eat his vomit.
Moana: That's what happens when you're stubborn.

Tama: You won't be able to run five kilometres, Atawhai.
Atawhai: You just wait and see. You'll return to eat your own
vomit, Tama.
Tama: No. You'll be the one doing that.

Variations
Dug his own grave
Went looking for trouble

Kai te wakuwaku i te tou o te kāho

Whiua ai tēnei kōrero ki te tangata ko ia te kōwhiringa
whakamutunga. I te korenga o ētahi tāngata e tika ana mō taua
mahi rā, mō taua tūranga rā rānei, kua mate rātou ki te tahuri ki te
tangata nei ki te whakakī i taua whāruarua.

Rāwiri: Ehara i te mea he aha, engari kua riro i a au te tūranga
whakahaere i te mahi.
Peti: I nē? Ka aroha hoki. Kua mate rātou ki te wakuwaku i te tou
o te kāho.
Rāwiri: Tō tene! Te kōrero a te wahine kore mahi me tana sugar
daddy.

Moana: Ka aroha hoki a Hinehou e moe nei i te makimaki rā, i a
Rāwiri.
Hera: Ehara! Kai te wakuwaku i te tou i te kāho. Kua kite rānei ia i
tana āhua?
Moana: I te mau kē pēā ia i ōna mōhiti wāina, ka hinga ai i te
aroha.

Tētahi mirimiringa
Kua mate ki te …

Scraping the bottom of the barrel
This phrase refers to someone who is chosen for something as a
last resort. Everyone else who would be better suited for the job
was unavailable, so this person was reluctantly called to fill in.

Rāwiri: Not to make a big deal, but I got that promotion at work.
Peti: Really? How sad. They've really had to scrape the bottom of
the barrel.
Rāwiri: Up yours! Said by the woman who doesn't even work
because of her sugar daddy.

Moana: I feel sorry for Hinehou sleeping with that monkey,
Rāwiri.
Hera: I reckon! She's scraping the bottom of the barrel. Has she
even seen what he looks like?
Moana: She was probably wearing her wine glasses when she fell
for him.

Variation
There's no option but to …

Kuuuuua oma noa atu tērā hōiho

Ko te roanga atu o te rerenga nei, ko te 'katia o te kēti, ahakoa kua oma noa atu tērā hōiho'. He kōrero mō te tōmuri rawa o te mahi a te tangata ki te aukati i tētahi āhuatanga; kua hē kē te kaupapa.

Rangi: Kia iti noa iho te huka, e te tau, kai tautau te puku.
Moana: Kuuuua oma noa atu tērā hōiho. Kua hunaia kētia tō ure e tō puku — kua mate au ki te kimikimi haere ināianei.
Rangi: Kia tau! Te mamae hoki!

Hine: Pū! I patero koe, e Tama? E puta ki waho kai haunga i a koe te whare!
Tama: Wii. Kuuuua oma noa atu tērā hōiho.
Hine: Pū! Me titiro tō tou, i parahanatia pea tō tarau raro.

Tētahi mirimiringa
Tūreiti

That horse has long bolted

The full version of this idiom is 'closing the stable door after the horse has bolted'. It describes taking action to prevent something bad from happening too late; in other words, the damage has already been done.

Rangi: Just a little bit of sugar, babe, otherwise my belly will start to sag.
Moana: That horse has long bolted, my love. I can't even see your downstairs — I actually have to search for it now.
Rangi: Wow, that was hurtful!

Hine: Poo! Did you fart, Tama? Go outside so you don't stink out the house.
Tama: Oops! That horse has long bolted.
Hine: You need to check your backside, boy; you might have soiled your undies.

Variation
Too late

Kai te momi kē [koe] i te aha?
He whakamāori tēnei i te rerenga e rangiwhāwhā ana i te ao
hurihuri nei. Ki te heahea ngā mahi, ngā kōrero rānei a te tangata,
tukua te rerenga nei e mōhio ai ia ki tō whakahē, ki tō kore rānei
e tino tautoko i aua mahi, i aua kōrero rā rānei. He tohu tēnei
rerenga i te pōrangi, i te 'rerekē' rānei, o tā te tangata mahi, o tō te
tangata whakaaro rānei.

Hine: Nāku tonu tēnei motokā i hoko. Kino kē te ātaahua, nē?
Atawhai: I te momi koe i te aha? He rite nei te parauri ki te
hamuti.
Hine: Ko tō hamuti anake pea e pērā ana.

Rangi: Hēni, ka mea ka taki makere i te tēpu. Ehara tērā i te wāhi
kanikani.
Hēni: Kai te parakitihi noa au mō te pāti ā te pō nei.
Rangi: Auē. Kai te momi kē koe i te aha?

Tētahi mirimiringa
Kai tua o tāwauwau

What are [you] smoking?
This is a translation of a well-known English phrase. If someone does or says something stupid, say this to show your disdain and disapproval. This phrase refers to the stupidity of a person's actions or words.

Hine: I bought this car myself. It looks mean, aye?
Atawhai: What are you smoking? The brown colour looks like crap.
Hine: Only your crap looks like that.

Rangi: Hēni, how about you get off the table. That's not a place for dancing.
Hēni: I'm just practising for the party tonight.
Rangi: My goodness. What are you smoking?

Variation
Away with the fairies

Kāore e makere te kiri o te rīwai [i tēnā]

Kai te maumahara au ki tētahi wā i karangahia rā au kia haere ki tētahi kaupapa whakaako ai, ā, ka puta i tētahi o aku pāpara te rerenga nei hai whakakata i a mātau. He āhua rite tōna wairua ki te kupu whakarite mō te 'ihu hūpē'. Hoi anō, i ōna wā he kōrero anō mō te tangata ka haere tika ki ngā mahi o mua engari kāore e tareka e ia ngā mahi o muri.

Hēni: Ko Rangi tētahi o ngā kaiako o te kura reo ā tērā wiki.
Moana: E kī rā! Kāore e makere te kiri o te rīwai i tērā kua haere ki reira whakaako ai.

Rāwiri: Kua mutu ngā mahi? Kua haere au ki te whakarongo ki ngā kōrero o te paepae.
Peti: Kāore anō kia makere te kiri o te rīwai i a koe. Kua rua meneti noa iho koe i konei, kua haere ki te karo mahi. Te hia pai hoki.

Tētahi mirimiringa
Kāore e oti he mahi i a [ia]

[That one] can't peel a spud
I remember once, when I just got a new teaching job, one of my uncles said this phrase about me and made me laugh. It is similar in nature to the expression about the 'one with a snotty nose'. However, it can also be used for a person who does the work at the front of the marae but can't do any of the things at the back.

Hēni: Rangi is one of the teachers at the kura reo next week.
Moana: Is that so! That one can't even peel a spud and he's going there to teach.

Rāwiri: Is everything done? I'm going to go and listen to the speakers.
Peti: You can't even peel a spud! You've been here two minutes and you're already dodging the work. The cheek of it.

Variation
They can't complete anything

Me kāmu te pāmu

He whakawhitinga kupu tēnei nō te rerenga Pākehā e whakahau ana i te tangata kia āhua tau nei te rangimārie ki runga i a ia. Kāore au i te mōhio ki te takenga mai o tēnei rerenga, engari kua rata tonu atu te tangata i te huarite ōna. Hoi anō, he mea whiu tēnei rerenga hei kapekape ki te tangata e puku ana tōna rae, e tau ai tōna wairua. I ōna wā, ka pukuriri kē atu te tangata i runga i tō whiu!

Tama: I pau i a wai te wai wera? I makariri taku uwhiuwhi!
Hine: Kia kāmu te pāmu, e Tama. Kāore koe e hemo i te wai makariri.
Tama: Te kōrero a te wahine i 30 meneti tana uwhiuwhi i te wai wera!

Rāwiri: Kai whakateka! Ēnei taraiwa heahea!
Hera: Me kāmu te pāmu, Rāwiri. Me mate ai tāua i tō waewae taumaha!

Tētahi mirimiringa
Kia tau te rangimārie

Calm the farm

This is a transliteration of the English phrase that urges someone to calm down, to chill out. I'm not sure of the origin of this phrase, but perhaps it has remained popular due to its rhyming nature. In any case, this is directed at someone who is angry to try and get them to calm down. However, depending on the way the phrase is delivered, it sometimes has the opposite effect!

Tama: Who made the hot water run out? I had to have a cold shower!
Hine: Calm the farm, Tama. You won't die of cold water.
Tama: Said by the woman who had a 30-minute hot shower!

Rāwiri: Don't you dare! These crazy drivers!
Hera: Calm the farm, Rāwiri. We could have died with your heavy foot!

Variation
Calm down

He hāparangi [te] waha ki te kōrero
Ko te tikanga o te kupu 'hāparangi', he momo umere. He kōrero tēnei mō te pākiwaha, mō te tangata hoihoi, mō te tangata ka pararē te waha i a ia e kōrero ana. He tiotio te reo me te waha ki ngā taringa o te hunga e whakarongo ana ki a ia. Me kī pea, ka rongo koe i tēnei hunga i mua i tō kitenga atu i a rātau. Hoi, whiua ai tēnei kōrero ki tana rae hai tohu i tō hōhā ki tōna pākiwaha, he kōrero ngau tuarā rānei e komekome ana mō te nui o tōna waha!

Peti: Āhua ngū nei a Atawhai, Moana. Kua roa ia e pērā ana?
Moana: Āe, engari ka haurangi ana, he hāparangi te waha ki te kōrero. Kāore he pātene whakangū!

Hēni: Mōrena! Mōrena!
Rangi: Ka mea ka taki hoihoi. He hāparangi tō waha ki te kōrero.
Hēni: Kia kāmu te pāmu, e Rangi. Kāore au i te hāparangi. Kai te hē noa ō rā i tō haurangi i te pō rā.

Ētahi mirimiringa
He pākiwaha
Papā tō waha

A shouter (who is annoying)
The meaning of the word 'hāparangi' refers to a type of yelling. This is a phrase for a loudmouth, for someone who is deafening and shouts when they speak. The sounds coming from their mouth are screechy to the ears of those listening and we can probably hear them before we see them. However, this phrase is said to their face to show how fed up you are with their loud mouth, or it can be used behind their back to complain about them.

Peti: Moana, Atawhai is a bit quiet. Has he been like that for some time?
Moana: Yes, but when he drinks he becomes a shouter and there's no off button!

Hēni: Morning! Morning!
Rangi: How about you be quiet? You're shouting very loudly.
Hēni: Calm down, Rangi, I'm not shouting. You're just hung over.

Variations
Loudmouth
To go on and on

Kai te kaikainga [aku] taringa

He rite tonu te rangona o tēnei kōrero mō te tangata kua mate ki te whakarongo ki ngā kōrero a tētahi. Ka noho te tangata ki konā, ka kaikainga ai ōna taringa e tētahi atu. I te nuinga o te wā, he reka ki te tangata kōrero nei te tangi o tōna anō reo, ā, kāore pea te kaiwhakaoko e whai wāhi atu me tōna anō reo, me āna kupu. Kua noho ki konā tūngoungou ai i te māhunga.

Rāwiri: Āe, nāku anō te kaupapa nei i whakatū, me taku mīharo ki te nui o te …
Peti: Rāwiri, Rāwiri, kūmara, ē. Kai te kaikainga aku taringa. Tēnā, haere ki te kōrero ki tētahi ka aro atu ki ō kōrero. Moumou i konei.
Rāwiri: Tētahi wahine kiriweti!

Tama: I te kaikainga aku taringa e tō tuahine, e Aroha, i te ata nei.
Atawhai: Me whakatū noa i tō ringa, ka mea atu, 'Hai aha atu māku.'

Tētahi mirimiringa
Kai te karawhiua ngā taringa

[My] ears are being chewed off
You can use this phrase when you get caught in conversation
and must listen to someone's yarns. Usually the person doing the
speaking loves the sound of their own voice and the listener rarely
gets a chance to say anything but sits there nodding.

Rāwiri: Yes, I established this event, and I'm so impressed
with …
Peti: Rāwiri, Rāwiri, humble Rāwiri. My ears are being chewed
off. Why don't you go and talk to someone who cares? Your talk
is wasted here.
Rāwiri: You're such a witch!

Tama: My ears were being chewed off by your sister Aroha this
morning.
Atawhai: You just need to put up your hand and say, 'I'm not
interested.'

Variation
My ears are being thrashed

Tata tonu [au] ka hemo i te ...
He momo kōrero whakakaha tēnei rerenga e whakaatu ana i
te kaha o te puta o tētahi āhuatanga. Ehara i te mea ka hemo te
tangata, hoi anō, i ngā horopaki kapekape ka kaha whakamahia
tēnei kōrero hai whakakaha i tō whakatoi, i tō taunu rānei i te
tangata.

Moana: I puta mai a Rangi i te moana me ōna budgie smugglers
hou, ka mea atu au ki a ia, 'Kai hea rā tō tāua hoa?'
Hera: I pērā rawa te makariri o te wai?
Moana: Ehara! Tata tonu au ka hemo i te kata!

Rangi: Nā wai te kānga pirau i mahi? Kino kē te reka.
Peti: Nāku. Tata tonu au ka hemo i te haunga.
Rangi: He kakara kē tērā.

Tētahi mirimiringa
Tata mimi aku tarau i te ...

[I] almost died of ...
This phrase is a type of hyperbole that intensifies something that's occurred. In contexts of jest and banter, it amplifies any witty or teasing words you have said.

Moana: Rangi jumped out of the ocean in his new budgie smugglers and I asked him, 'Where's our little mate?'
Hera: Was the water that cold?
Moana: Yes! I almost died of laughter!

Rangi: Who made this rotten corn? It's so tasty.
Peti: I did. I almost died from the foul smell though.
Rangi: That's a sweet smell, I reckon.

Variation
I almost peed my pants

He haki nohi

He kōrero tēnei mō te tangata ihu roa, mō te tangata e whakamatemate ana ki ngā mahi a ētahi atu tāngata. Kāore te tangata nei mō te noho puku me te aro ki a ia anō, engari kē ia he tangata pīrangi mōhio he aha te aha. Ki te tata mai te ihu o tētahi tangata pēnei, koinei te kōrero hai whiu atu ki a ia.

Tama (e titiro ana ki te waea a Hine): Ko wai tēnā?
Hine: Tētahi haki nohi! Hai aha atu māu!
Tama: Ooooh, ko wai a Tāmati?

Rangi: I rongo rānei koe kua whai tāne hou a Hine?
Moana: I nē? Ko wai rā? Kia tirohia e au tana Pukamata.
Rangi: Moana haki nohi, ē!

Tētahi mirimiringa
He ihu roa

Have a nosey

This phrase is for someone who is nosey and is consumed with what other people do. This person cannot sit still and worry about themselves, but always wants to know what's what. If their nose gets close to you, this might be the phrase to say to them.

Tama (looking at Hine's phone): Who's that?
Hine: You're such a nosey parker! It's none of your business!
Tama: Ooooh, Tāmati. Who's that?

Rangi: Did you hear Hine has a new man?
Moana: Really? Who? So I can stalk his Facebook.
Rangi: Moana the nosey parker!

Variation
Nosey

Nui te auau, kāore e ngaungau

Nāku noa iho tēnei rerenga i whakamāori i te rerenga Pākehā e mōhiotia whānuitia ana. He kōrero tēnei mō te tangata ngutu kau, mō te tangata hōhonu kakī, pāpaku uaua. Kāore te tangata nei mō te whakatinana i tāna i kī ai. Nō reira he kōrero tēnei hai whiu ki tērā momo!

Rāwiri: Tērā pōkokohua! Māku ia e kōrero ki te hui!
Hera: Nui te auau, kāore e ngaungau. Kāore koe e kōrero ki a ia, Rāwiri. He toupiore kē koe.
Rāwiri: Taihoa koe ka kite.

Rangi: Kua hōhā au i te mahi. Ka rihaina pea au āpōpō.
Moana: Hoki atu, hoki atu. E hia nei ngā wā kua puta tērā kōrero. Nui te auau, kāore e ngaungau!

Tētahi mirimiringa
Hōhonu kakī, pāpaku uaua

All bark and no bite
I translated this phrase from the well-known English saying. It can be used for someone who makes empty promises, who has a lot to say but never follows through with anything.

Rāwiri: That boiled head! I'm going to say something to him at the hui!
Hera: All bark and no bite. You won't say anything to him, Rāwiri. You're a coward.
Rāwiri: Just wait and see.

Rangi: I'm over work. I might resign tomorrow.
Moana: Again, and again. How many times have I heard that? All bark and no bite!

Variation
All talk, no walk

Moumou te aro atu
He kōrero tēnei mō te moumou o te aro atu ki tētahi mahi. Ahakoa
tō kaha ki te āwhina atu, he aha te aha, kāore he paku aha ka
pahawa. He rite tēnei ki te kīwaha, 'Hai aha māku.' Nō reira, ki te
whakaheke werawera kurī noa iho te tangata, anei te kōrero hai
kōrero atu māu.

Rangi: Kai te āwhina au i a Hēni ki te whakapakupaku.
Peti: Moumou te aro atu. Ka hoki noa iho ia ki te kāinga kai
huna ai.

Moana: I rongo anō koe i ngā kōrero a Don mō te iwi Māori?
Hera: Moumou te aro atu ki te kakī whero rā.
Moana: Te mutunga mai o te kaikiri!

Tētahi mirimiringa
He kaupapa paraurehe

Waste of time
This phrase refers to devoting time to a useless activity. Despite
your best efforts you are engaging in a pointless task. This phrase
is similar to, 'Why should I care?' Use this phrase if you think
someone is putting in time and effort for nothing.

Rangi: I'm helping Hēni to lose weight.
Peti: That's a waste of time. She just goes home and eats whatever
she wants behind your back.

Moana: Did you hear what Don said about Māoridom?
Hera: Don't waste your time with that redneck.
Moana: He's such a racist!

Variation
It's not worth the bother

Tata pōrangi au i te …

He rite tēnei kōrero ki tērā rerenga e kī ana, 'tata tonu au ka hemo
i te …'. Hoi, ko te paku rerekē o tēnei, he kōrero whakakaha mō
te hongehongeā, mō te hōhā o te tangata ki tētahi mahi, ki ētahi
kōrero, ki tētahi āhuatanga rānei. Whiua ai te rerenga nei i te
nuinga o te wā hai whakakata i te tangata i te hoki atu, hoki atu a
tētahi ki tētahi mahi hōhā.

Hine: Tō kaha hoki! Kua roa koe e pōkai ana i ērā parehūhare.
Aroha: Ehara! Tata pōrangi au i ēnei. Ka mutu, ka tere whiua ki te
rāpihi!
Hine: Tika. Engari ka ātaahua ngā tēpu.

Peti: Kai te pēhea te haere o te hui?
Hera: Tata pōrangi au i ēnei kuia e pahupahu ana. Me ū ki te
kaupapa!

Ētahi mirimiringa
Kua rorirori te māhunga
Kua rewha ngā kanohi

I'm going crazy ...

This phrase is similar to saying, 'I almost died of ...'. However, the slight difference with this is that it amplifies someone being fed-up with or tired of something. It is often said in humour when someone repetitively does something annoying.

Hine: You're too much all right. You've been folding those napkins for ages.
Aroha: I reckon! I'm going crazy over these. And they just end up being thrown in the rubbish!
Hine: Yeah, but at least the tables look good.

Peti: How's the meeting going?
Hera: I'm going crazy over these old ladies just yarning. Stick to the agenda!

Variations
I've got a headache
I'm going cross-eyed

Te [kunekune] ake o [te] āhua

He rerenga tēnei e whakataurite ana i te tangata ki tētahi mea kē atu (i te nuinga o te wā, he kararehe). Kunekune mai, makimaki mai, aha kē mai, whiua ai tēnei rerenga hei whakatoi i te tangata i ana mahi, i tana āhua rānei. Me kōrero tika ki te rae o te tangata hai kapekape i a ia.

Moana: E Tama, me haere koe ki te tapahi i ō makawe. Te makimaki hoki o te āhua.
Tama: E hē. Kai te whakatipu au kia roa ai mō Te Matatini.
Moana: Nō reira ka roa e pūhutihuti ana? Kātahi rā!

Hine: Kāti te kaipuku! Te kunekune ake o te āhua!
Atawhai: Hai aha atu māku. Kai te matekai au.

Tētahi mirimiringa
Te makimaki ake o te āhua

[You/They] look like a [kunekune]
This phrase compares a person to something else (most of the time it's an animal). Whether it's a pig, a monkey or something else, this phrase is used to get smart about how someone behaves or what they look like. I'd say it straight to their face to elicit a response.

Moana: Tama, you need to go get a haircut. You look like a monkey.
Tama: No, thanks. I'm growing it long for Te Matatini.
Moana: So it will be unkempt for a while? Good grief!

Hine: Stop eating so greedily! You look like a kunekune!
Atawhai: I don't care. I'm starving.

Variation
You look like a monkey

Kī ana te puku i te kōrero
He mea nanao tēnei kōrero i te pukapuka i whakamāorihia e Te
Haumihiata Mason, *Anne Frank: Te Rātaka a Tētahi Kōhine*, ā, he nui
tonu ngā rerenga Māori kai te pukapuka rā. He rerenga tēnei mō
te tangata e kī ana i te kōrero. He āhua rite nei tōna wairua ki te
kīwaha rā, 'kāore e nama te kōrero.' Hoi anō, he paku whānui ake
pea ōna whakamahinga i tērā.

Moana: Kai noho ki tō Hēni taha. Kī ana te puku i te kōrero.
Rangi: Kuuua oma noa atu tērā hōiho. I kaikainga kētia ōku
taringa i mua rā.
Moana: Mō te komekome!

Aroha: I rawe te tū a te kapa rā.
Atawhai: E hē. Ko te mutunga kē mai o te maroke ki a au. Kāore
i wana!
Aroha: Kī ana tō puku i te kōrero nē! Ka mea ka taki hoihoi i ōna
wā.

Tētahi mirimiringa
Kāore e nama te kōrero

Always has a lot to say
This phrase was taken from Te Haumihiata Mason's translation of the book *Anne Frank: Diary of a Young Girl,* which includes several Māori sayings. This one is for someone who has a lot to say or always has an opinion. It is similar in nature to someone who 'has an answer for everything'. However, this phrase probably has wider meaning and usage.

Moana: Don't sit by Hēni. She always has a lot to say.
Rangi: That horse has long bolted. My ears have well and truly been chewed off!
Moana: She's a pro at complaining.

Aroha: That haka group stood well.
Atawhai: No. I found them quite boring to watch. There was no pizazz!
Aroha: Always have a lot to say, don't you! You should try being quiet once in a while.

Variation
Has an answer for everything

E kī rā, ... harakore

Ka whiua tēnei kōrero ki te tangata e whakatakē ana i ngā mahi a tētahi atu, i āu mahi rānei, engari kua pērā hoki rātau. E pōhēhē ana te tangata nei he anahera ia, engari he uri kē nō Hātana. Nō reira ki te whakatakē tēnei momo i a koe, karawhiua rātau ki tēnei rerenga.

Peti: Kāore a Rangi e whakarongo mai. Kua tino kakī mārō.
Hera: E kī rā, Peti harakore. Ki taku mōhio koirā hoki tā Rangi mōu.
Peti: Āe, kāore e kore. Engari he whai take ōku whakaaro. Engari anō ōna.

Tama: Aroha! Kua tōmuri tātau i a koe!
Aroha: E kī rā, Tama Harakore. Ko koe kē te mea i tōmuri inanahi. Nō reira, me kopi tō waha.

Tētahi mirimiringa
Ko wai e kī ana he pango te tīkera?

Is that so, … who has not yet sinned
This phrase is said to someone who is criticising someone else's —
or even their own — actions. This person thinks that they are an
angel but they're really the offspring of the Devil. So, if this type
of person is being hypocritical and criticises you, say these words
to them.

Peti: Rangi never listens. He's become very stubborn.
Hera: Is that so, Peti who has not yet sinned? I'm sure he's said the
same thing about you.
Peti: Yes, maybe he has. But my thoughts have substance. His
don't.

Tama: Aroha! We're late now because of you!
Aroha: Is that so, Tama who has not yet sinned? You were the late
one yesterday. So, you should zip your mouth.

Variation
Who's calling the kettle black?

Te uri a [Mā] rāua ko [Ngere]

I rongo tuatahi au i tēnei i te pouaka whakaata, nāwai, nāwai, kua āhua rangiwhāwhā haere. Kai a koe te tikanga mō te whakakī i ngā āputa, hoi anō tāu he whakawehewehe i tētahi kupu e hāngai ana, ka whakatangata ai i a rāua. He whakatauira noa iho te 'māngere' i tēnei āhuatanga.

Peti: Mōrena rā, e te uri a Moe rāua ko Roa! I au te moe?
Rāwiri: Ehara! I au rawa atu.
Peti: Āe, kua tata ahiahi kē, e te tohetaka!

Tama: E te uri a Kore rāua ko Take. Nā wai koe i ako ki te wāwāhi wahia?
Atawhai: Nāku anō. He aha ai?
Tama: Kai te hē katoa. Whakamahia ō turi. Ka paku māmā ake.

Tētahi mirimiringa
E te uri a Hea rāua ko Hea ake

The offspring of [La] and [Zy]
I first heard this phrase on television, and it is now widespread.
The word to fill the gaps with is up to you and all you have to do
is split the word in two. 'Lazy' is just the word I've used here.

Peti: Good morning, the offspring of Sleep and In. Did you have a
good sleep?
Rāwiri: Yes, it was great.
Peti: Indeed, it's almost the afternoon, you sleepyhead!

Tama: The offspring of Use and Less, who taught you how to chop
wood?
Atawhai: I taught myself. Why?
Tama: You're doing it wrong. Use your knees. It will make it a
little easier.

Variation
The offspring of Dumb and Dumber

Nō [Mohi] rawa, nō te wā i a [Mohi]

He whakatoi tēnei rerenga i te pakeke o te tangata, i te tawhito rānei o tētahi hanga. E kī ana ia i reira te tangata rā, te hanga rā rānei i te wā e ora ana a Mohi. He rite tonu te kōrerohia o te rerenga nei e taku matua hai whakatoi, 'E kare, nō te wā i a Te Kooti tērā.'

Hēni: He pēhea ki a koe aku kaka, e Hera?
Hera: Hika mā! Āhua kuia nei tō āhua, Hēni. Nō hea tō koti? Nō te wā i a Mohi? Kuhuna pea tētahi koti kē atu.
Hēni (ka hoki mai me te koti hou): Kua pēhea ināianei?
Hera: Ka ngangaro! Nau mai, haere mai ki tēnei rautau!

Moana: Me hoko taraka hou a Rāwiri. Kua waikuratia katoatia a waho.
Hēni: Koia hoki. Kua roa e pau ana te kaha. Nō te wā tonu pea i a Mohi tērā taraka.
Moana: Kia mutu rā anō pea te haruru, kātahi rawa te tou kikī rā ka tahuri ki te hoko i tētahi waka hou mōna.

Ētahi mirimiringa
Nō te wā i te Karaiti
Nō te wā i ngā mokoweri

From when [Moses/Christ] was alive
This phrase is said in jest to someone who is old or refers to something that is old. It implies that the person or object was around when Christ or Moses was walking the earth. My dad always uses this phrase in jest, but he says, 'Goodness, that's been around since the time of Te Kooti.'

Hēni: How do you like my outfit, Hera?
Hera: Goodness me! You look like a granny, Hēni. Where's your coat from? Is it from when Moses was alive? You might want to put on a different coat.
Hēni (returns with a new coat): How do I look now?
Hera: Much better! Welcome back to this century!

Moana: Rāwiri needs to buy a new truck. The whole outside has become rusty.
Hēni: I agree. It's been had-it for a while. That truck was probably around when Moses was.
Moana: I bet that tight arse will only buy himself a new car once it no longer starts.

Variations
From when Christ was alive
From when the dinosaurs were alive

4
Ētahi kīwaha

Ko te reo kīwaha tētahi o ngā tino āhuatanga o te reo kapekape. Ko te kaha ai o te rere o tēnei reo i ngā horopaki ōpaki, o ia rā, i pēnei ai. Ki te kaha te rere o te reo kīwaha i te waha o te tangata, he tohu tērā kua āhua Māori nei te wairua o tōna reo. Ka mutu, ka tino rere te kīwaha i ngā wāhi, i ngā hapori e kaha nei te rere o te reo. Hoi anō, he kupu hou te 'kīwaha' mō tētahi āhuatanga o te reo kua roa e noho tangata whenua ana i te reo Māori.

E ai ki a Tā Tīmoti Kāretu (Kāretu rāua ko Milroy, 2018), he mea tiki atu tēnei kupu nō rātau i Te Taura Whiri i te Reo Māori. Ki tā rātau, ko te kīwaha ngā rerenga '… kāore nei e whai i ngā ture ake o te reo, engari he rerenga kōrero Māori ake nei, Māori ake nei. Ko te 'kīrehu' he kōrero pērā anō, engari, nāwai rā, nāwai rā ka kōrerotia, ā, kua ngaro tēnā rerenga' (wh. 115). Ka kite nei koutou i te pukapuka, *He Kohinga Kīwaha* (1999), ngā whakamārama o te kīwaha e pēnei ana, 'ko te aruhe te aka o te whenua, te tino kai e ora ai te tangata. Waihoki, ko ngā kīwaha nei te aka o te reo Māori, te kīwai e tuitui ai, e kawea

4
Some idioms

'Kīwaha' is a modern term that describes something that has been a characteristic of te reo Māori for a long time: idioms, which thrive in places and communities where te reo Māori thrives. If someone's language is rich in idioms, it means that they have a real grasp of the language and that they can express themselves in a Māori spirit. Idioms are also an important feature of tongue-in-cheek language.

According to Sir Tīmoti Kāretu (Kāretu and Milroy, 2018) 'kīwaha' is a term they coined when they were at The Māori Language Commission. They say kīwaha are phrases in te reo Māori that don't follow the rules of grammar, but are Māori in nature. 'Kīrehu' are similar but don't necessarily pass the test of time or have a long lifespan. In time, after its relevance has elapsed, that phrase is lost (p. 115). *He Kohinga Kīwaha* (1999) explains the purpose of idioms: '… the fern roots are the vines of the land, a food of sustenance for mankind. Likewise, idioms are the vines of the Māori language, they are shoots that weave and

ai ngā whakaaro o te tangata ki te taiao, ki te ao mārama'
(wh. 8).

Nō reira, mō te whakatakoto i te reo kapekape, kāore i tua atu i te kīwaha. I te nuinga o te wā, ko tāna he whakakaha i te wairua o te kōrero. Hoi anō, tērā anō ētahi e noho ana me tōna mana, ā, kua puta kau noa i te waha o te kaikōrero. Ā kāti, kia tahuri ake tātau ki te wānanga i ētahi o ngā kīwaha e kaha kōrerotia ana i te reo kapekape.

Hai a koe rawa te kōrero
Ki te whakatakē tētahi tangata i a koe, i tētahi atu rānei, ka mutu, he pērā hoki te tangata nāna ērā kōrero, karawhiua ia ki tēnei kīwaha. He whakatoi, he whakautu tēnei i ana kōrero (i te nuinga o te wā he whakaiti, he whakatoi rānei) arero rua.

Atawhai: Pū, e Hine! Tō haunga hoki. I horoi rānei koe i te ata nei?
Hine: Hai a koe rawa te kōrero. Kua rongo anō koe i te haunga o tō hā? Ka mea ka taki horoi i ō niho, ka meatia ai ki te Listerine.

Rāwiri: E Peti, i kainga katoatia e koe ngā rare?! Ka tautau tō puku.
Peti: Hai a koe rawa te kōrero, Rāwiri! E rua kē ō puku.

Ētahi mirimiringa
Māu te kōrero
A koe rānei

carry one's thoughts to the environment and the world of light'
(p. 9).

So, if you want to make your language more colourful, tongue-
in-cheek idioms are the best. In most cases they intensify the
nature of what you are saying. However, some have their own
authority and can be said as a stand-alone phrase. Let's explore
some of these idioms that are often exchanged in the language of
jest and banter.

You're one to talk

If someone criticises you or someone else and they are guilty
of doing the exact same thing, throw this idiom at them. This
gives cheek and responds to their comment by pointing out their
hypocrisy.

Atawhai: Poo, Hine! You stink. Did you wash this morning?
Hine: You're one to talk. Have you smelt your breath? You need
to brush your teeth and wash out your mouth with Listerine.

Rāwiri: Peti, did you eat all the lollies?! Your belly will start to sag.
Peti: You're one to talk, Rāwiri. You have two bellies.

Variations
You can't talk
Who are you to talk

Me kore ake [te] … i [te] …
He kīwaha tēnei e whakataurite ana i tētahi tangata ki tangata
kē atu, ki mea kē atu rānei. Ehara i te mea ka whakamahia i ngā
horopaki kapekape i ngā wā katoa, engari he kīwaha rawe hai
whakataurite i ngā mea e rua. Ko te tangata, ko te mea rānei e
whakaritea ana, me noho mātāmuri i te rerenga.

Hēni: Me kore ake a Shrek i a koe!
Peti: Mēnā ko Shrek ahau, a tēnā, ko Fiona koe. Ko te kāihe rānei!
Āe, ko te kāihe pea. He pērā tonu tō waha papā i tōna.

Moana: Tō tamāhine, e Rangi. Kāore ōna taringa, he whakaputa
mōhio i ēnei rā.
Rangi: Āe. Me kore ake te māmā.
Moana: Ō raho!

Ētahi mirimiringa
Me kore ake te [kararehe]
Me kore ake te … i a [koe]

Just like …

This idiom is used to compare someone to another person or thing. It's not always used in jest and banter, but it is a good idiom to use in those contexts if you want to draw a comparison. The person or thing you are talking about sits at the end of the sentence.

Hēni: You look just like Shrek!
Peti: If I'm Shrek then you must be Fiona. Or Donkey! Yes, Donkey, your mouth babbles like his.

Moana: Your daughter, Rangi. She has no ears and is a know-it-all these days.
Rangi: Yes. Just like her mother.
Moana: Up yours!

Variations
Just like an [animal]
[You] look just like …

I [wāu] nei hoki

I te nuinga o te wā, he kīwaha whakahāwea tēnei i te tangata, whakatoi rānei i ō rātau wheako, i ō rātau kare ā-roto rānei. Ki te kōrero tētahi tangata mō ōna mate, mō ngā āhuatanga whakahōhā kua pā ki a ia, ka whiua tēnei kīwaha ki te whakatoi, ki te kapekape atu i a ia. He tohu i tō kore e aroha atu ki a rātau, ā, kai te komekome kurī noa iho pea rātau.

Tama: I pēhea rā tō pō, e Hine?
Hine: I rawe, engari kua ānini katoa taku māhunga i te ata nei.
Tama: I wāu nei hoki. Koia te utu o te haurangi.

Hera: Kia ora, Hinehou. Kai hea rā tō whaiwhai pīhau?
Hinehou: A Rāwiri?
Hera: A Mother Theresa. Ko wai kē atu?
Hinehou: Kai te kāinga ia, kua pāngia ia e te rewharewha.
Hera: I wāna nei hoki. Ko te rewharewha tāne tērā?

Tētahi mirimiringa
I wā [koutou/kōrua] nei hoki

[You] poor thing

Most of the time this idiom is used to belittle people or make fun of their experiences or feelings. If a person mentions their issues or annoying things that have happened to them, this idiom is used to get smart and give cheek to them. It signals that you do not feel sorry for them and that perhaps the thing they are complaining about is a minor issue.

Tama: How was your night, Hine?
Hine: It was great, but I've got a headache this morning.
Tama: Aww, you poor thing. That's the price of getting drunk.

Hera: Hello Hinehou. Where's your follower?
Hinehou: Rāwiri?
Hera: Mother Theresa. Who else?
Hinehou: He's at home, he's got the flu.
Hera: The poor thing. Is that the man flu?

Variation
You poor things (to two or more people)

Hoki atu, hoki atu …
E mōhio katoa ana tātou ki tētahi (ki ētahi tāngata rānei!) e rite
tonu ana tā rātou mahi, tā rātou kōrero rānei i tētahi take. Ki te
noho koe ki te tēpu kai, ā, ka rere anō te kōrero a tētahi i oti kē i a
ia te kōrero i mua ake, ko te kīwaha nei tētahi rerenga hai urupare
atu i ana kōrero. Ka kōrero rānei koe i te rerenga nei ki tētahi mō
te kaikōrero rā.

Rangi: Tēnā tātau katoa. Tuatahi rā, me mihi …
Atawhai: Eeeei. Kua tīmata anō a pāpā. Kua taki kōrero anō i ana
kōrero.
Tama: Hoki atu, hoki atu. Kua koroua haere.

Hera: I rongo anō koe i ngā kōrero a Rāwiri mō tana haerenga?
Peti: E mea ana koe! Ko te Rāwiri hoki atu, hoki atu tēnā e kōrero
nā koe, nē?
Hera: Ehara, ehara!

Tētahi mirimiringa
Hoki atu, hoki mai

Same old, same old …
We all know someone (or a few people!) who keep doing or talking about the same thing. If you sit at the dining table and the same topic of conversation comes up repeatedly, this idiom can be used to respond to their words. Or, you can say this to someone with reference to the one who's talking.

Rangi: Greetings everyone. Firstly, let me thank …
Atawhai: Eeeei. Your dad has started again. He's repeating himself.
Tama: Same old, same old. He's getting old.

Hera: Did you hear what Rāwiri said about his trip?
Peti: What do you think! Is that the Rāwiri who keeps telling the same old, same old?
Hera: Yes, indeed!

Variation
Same old thing

Te hia kore [ōu] e [whakamā]

He nui ngā horopaki e tika ana kia whiua tēnei rerenga ki te tangata, i tōna tikanga, me whakamā i ana kōrero, i ana mahi rānei. He wā tōna he momo kōhete, hoi anō, he nui hoki ngā wā ka whiua tēnei kōrero hai kapekape i te tangata. He nui ngā mirimiringa o tēnei kīwaha, o 'te hia', hoi anō, ka waiho mō raro iho ērā kōrero e wānanga.

Hera: E kī rā, kua mau budgie smuglers a Rāwiri.
Peti: Ehara! Te hia kore ōna e whakamā! Rāwiri! Tō moku taiaha, kua huna, hunaaa!
Rāwiri: Tō ene!

Hine: Aroha, titiro ki te hanga o te tangata rā! Mmmm. Te reka hoki!
Aroha: Te hia kore ōu e whakamā! He tāne kē tāu.
Hine: Kai te pai noa iho te titiro atu.

Ētahi mirimiringa
Te hia kore i …
Te hia

I'm surprised [you're] not [ashamed]
There are several contexts in which this idiom can be said to someone who should be ashamed by what they said or did. At times it is a growling, however, there are times when it is used to get cheeky to someone. There are several variations of 'te hia', which we will explore further on the following pages.

Hera: Well, well, Rāwiri is wearing his budgie smugglers.
Peti: Yes indeed! I'm surprised he's not ashamed. Rāwiri! Your small taiaha is hiding!
Rāwiri: Up yours!

Hine: Aroha, look at how hunky that man is over there! Yum!
Aroha: You should be ashamed! You've already got a man.
Hine: It's fine to have a look.

Variations
I'm surprised … (something that didn't happen)
I'm amazed

Kai tua o tāwauwau

Arā noa atu te mahi a te horopaki e taea ana tēnei kīwaha te whiu. Ki tā *He Kohinga Kīwaha* (1999), he kīwaha tēnei mō tētahi tangata kai ngā kapua e haere ana, ā, ko ana mahi te mutunga mai o te hē. Hai āpitihanga atu, whakamahia ai tēnei i ngā horopaki kapekape hai whiu ki tētahi momo, ki tētahi tangata āhua oatekēti nei. Kai tēnā whānau, kai tēnā hapori ōna tāngata e pēnei nei, ā, ka riwha ngā kanohi o te tangata, ka kata ngā niho i ā rātau mahi me ā rātau kōrero.

Aroha: E kare, i kite rānei koe i tō pāpara e auau ana, e ngengere ana pēneki i te kurī?
Atawhai: He aha hoki, ko tō pāpara kē tērā. Engari, āe, kai tua o tāwauwau tērā.

Hera: Wī, titiro ki te tangata heahea rā e kanikani ana i te kauhanganui o te pahi.
Peti: E kare! Kai tua o tāwauwau tērā.
Hera: Titiro, kua kanikani me te pou ināianei.

Ētahi mirimiringa
Kai Mahurangi e haere ana
Kai ngā kapua e karore haere ana

Away with the fairies

This idiom is relevant in several contexts. In *He Kohinga Kīwaha* (1999) this idiom relates to someone who has their head in the clouds, or who does something off track. In addition, it is also used to give cheek to someone who is out the gate. Every family and community has these kinds of people and you get cross-eyed and laugh at the things they do and say.

Aroha: Gosh, did you see your uncle barking and growling like a dog?
Atawhai: Whatever, that's *your* uncle. But yeah, he's out the gate.

Hera: Gosh, look at that lady dancing in the bus aisle.
Peti: Far out. She's away with the fairies.
Hera: Look, she's pole dancing now.

Variations
Lost the plot
Above in the clouds

He momo (anō) [tērā]
He matarua te kīwaha nei hai whakanui, hai whakaiti hoki i te tangata. Kai te āhua anō o te whiu te wairua whakanui, te wairua kapekape rānei. Hoi anō, he kīwaha tēnei mō te tangata kai tētahi momo taumata o te pai, o te 'rerekē' rānei. I te nuinga o te wā, he momo kōrero ngau tuarā tēnei ki te tangata i ngā horopaki kapekape.

Tama: Titiro anō ki tō pāpara, ki a Rāwiri, me ōna hū āhua Lady Gaga nei.
Hine: He momo anō tēraka me ōna hū.

Hine: E kare, i rongo anō koe i te hīkoi kau a Hone i te tiriti i te pō rā?
Aroha: He momo anō tērā. Ka pērā ia ka haurangi ana.

[They're] a special kind of person
This idiom is double-edged in that it can acknowledge or belittle someone depending on the tone of voice. It's an idiom for someone who has reached a particular level of excellence or is 'different'. In most contexts it is said tongue-in-cheek behind someone's back.

Tama: Look at Uncle Rāwiri with his Lady Gaga shoes.
Hine: He's a special kind of person with his shoes.

Hine: Goodness, did you hear that Hone was walking the streets with no clothes on last night?
Aroha: He's a special kind of person. He does that when he's drunk.

Te mutunga (kē) mai (hoki) o te …

Whiua ai tēnei kīwaha hei whakaatu i te ekenga o tētahi āhuatanga ki tētahi taumata teitei rawa atu. He kōrero mō te pai me te kino, hoi, i ngā horopaki kapekape, he pai ake te tohu i ngā hē o te tangata! Koiraka hoki tā *He Kohinga Kīwaha* (1999), he kōrero mō te whakahē i te tangata, i tētahi āhuatanga rānei.

He kaha te whiua o tēnei kīwaha hai kapekape i te tangata, kia mōhio ai ia ki te pōrangi, ki te hōhā, ki te māngere, ki te moho rānei o ana mahi, o tētahi āhuatanga rānei.

Moana: Tō tamāhine, e Rangi. He rite tonu tana hopu TikTok i ia rā, i ia rā. Tata pōrangi katoa au i ana kanikani.
Rangi: E mea ana koe! Ko te mutunga mai o te hōhā. E mahi ana au i aku mahi, mea rawa ake, kua puta pēnei i te kēhua, ka kanikani. Ka tata mate au i te manawa-hē.

Atawhai: Ka mea ka taki makere mai kōrua ko tō tou i te tūru, ka haere ki te horoi i ngā rīhi. Te mutunga kē mai hoki o te māngere!
Aroha: Nāku kē ngā rīhi i horoi inanahi rā!
Atawhai: Hai aha hoki māku? Nāku ngā kai i tunu.

Tētahi mirimiringa
Te mutunga kē mai nei (ka noho kau hai whakautu)

The epitome of …
This idiom refers to someone as the epitome of a particular
characteristic. It can be used to describe good and bad qualities,
but in contexts of jest and banter we often like to point out
people's flaws! *He Kohinga Kīwaha* (1999) explains that it is an
expression of disapproval of a person or situation. This is often
said in cheek to someone to draw to their attention how stupid
and/or lazy that person or a particular situation appears.

Moana: Your daughter, Rangi. She's always doing TikToks. I'm
almost losing my mind from her dances.
Rangi: You bet! It's the absolute epitome of annoying. I'm doing
my work and next minute she pops out like a ghost and dances. I
almost died of a heart attack.

Atawhai: Why don't you and your bum get off the seat and go
and wash the dishes. You're the absolute epitome of laziness!
Aroha: I did the dishes yesterday!
Atawhai: Does it look like I care? I cooked the food.

Variation
The epitome of it (a stand-alone in answering a question)

... ake nei, ... ake nei
He rite te kīwaha nei ki tērā o mua e tohu ana i te tino taumata o
tētahi āhuatanga, kino mai, pai mai. I ngā horopaki kapekape ka
whiua hai tohu i te pōrangi, i te māngere, i te aha rānei, o tētahi
tangata, o tētahi mahi, o tētahi kaupapa rānei. Hoi anō, he kaha
hoki te whakamahia i ngā horopaki ngau tuarā hoki.

Hera: He touareare te mau a tēnā i te hopuoro karaoke. Kāore e
tukuna ki tētahi atu.
Peti: Ehara! Kai te kōhurutia aku taringa. He rite nei tana reo ki te
Chipmunk.
Hera: Orotaha ake nei, orotaha ake nei!

Tama: Nā wai ngā rare katoa i kai?
Atawhai: Nā Aroha.
Tama: E kī rā. Poaka ake nei, poaka ake nei!

Tētahi mirimiringa
Te mutunga mai o te ...

The height of something
Similar to the previous one, this idiom describes someone having reached the highest level of something, whether good or bad. This can be used as an insult in a cheeky tone to describe how silly, lazy and so on a person is, or a particular situation. It is also often used when talking about someone behind their back.

Hera: That one is greedy with the karaoke microphone. She won't give it to anyone else.
Peti: I reckon! My ears are being tortured. She sounds like a chipmunk.
Hera: Absolutely flat!

Tama: Who ate all the lollies?
Atawhai: Aroha did.
Tama: What a pig!

Variation
The epitome of …

E [tama] (mā) ē

He kīwaha tēnei hai tohu i tō ohorere, i tō whakahē, i tō hōhā, i tō whakatoi, i tō aha rānei ki te tangata, ki tētahi rōpū rānei. Kai runga i tō tuku te wairua o te kīwaha. I ngā horopaki kapekape, he pai tēnei hai whiu ki te tangata i te korenga o tētahi momo mahi e taea. Kai runga i te horopaki mēnā rānei he 'tama', he 'hine', he 'kuia', he aha rānei. He pai hoki kia kuhuna te ingoa ake o te tangata rā. Ki te pīrangi koe ki te whakawhānui i tēnei kōrero ki tētahi rōpū, me āpiti te pū 'mā' ki te rerenga.

Hēni: Kai te rongo mai koe, e Peti?
Peti: E kui, ē. Tō taiohi ai kua kore tonu e taea e koe tō Zoom te whakahaere. Kai te kati tō oro. Tēnā panaia te pātene e tukuna ai tō reo kia rere.
Hera: He pai ake ki a au kia kati tana oro, e Peti. He hoki atu, hoki atu, tēnā.

Peti: E hine mā, ē. Ka mea ka hoki ki te mau anō i ētahi kaka kai makariri noa koutou.
Aroha: Kai te pai noa iho ēnei, e kui.
Peti: E kī rā! Kaua koe e kui mai ki a au.

Ētahi mirimiringa
Auē, taukuri ē
E kare

Good heavens
This idiom signals surprise, disdain or annoyance and can be used to get smart to a person or a group. The spirit of the idiom is down to tone of voice. In the context of giving cheek, it's a good response when someone is a bit useless and not able to do something. Depending on who you're talking to you can use 'tama', 'hine', 'kuia' and so on. You can also add in the person's name. Furthermore, if you want to direct it at a group, you need to add the particle 'mā' to the phrase.

Hēni: Can you hear me, Peti?
Peti: Good heavens, old woman! You're so young but you still can't use Zoom. You're on mute. Press the button so we can hear your voice.
Hera: It's better if she's on mute, Peti. She always repeats herself.

Peti: Good heavens, girls. Go back and put on more clothes, otherwise you'll freeze.
Aroha: These are fine, old woman.
Peti: You cheeky thing! Don't call me an old woman.

Variations
Goodness gracious
Goodness me

[Tō] ... ai

He kīwaha tēnei kua ao mai anō, me te ātaahua tonu ki te taringa. Ko tāna, he tohu i tō ohorere ki tētahi āhuatanga. He rite tōna wairua ki tērā o te 'ahakoa', ā, ki te puta i te tangata te rerenga 'ahakoa tō pakeke', ko te painga atu kia 'tō pakeke ai' te puta mai. He kīwaha rawe hai whiu i ngā horopaki kapekape.

Atawhai: Kia ora rā, e te whānau. Ko Hinerangi tēnei, ko taku wahine hou.
Aroha: Tō makimaki ai ka riro i a koe tētahi wahine mutunga mai o te ātaahua! Tēnā koe, Hinerangi, ko Aroha ahau. Te rangatira o te whānau.
Atawhai: E kī rā! Te rangatira o te kore noa iho.

Moana: Tō kāpō ai ka riro i a koe tō raihana motokā, Rāwiri. Kua koroua kē ō kanohi.
Rāwiri: E pai noa ana aku kanohi.
Moana: Eiii, ka aroha hoki te iwi i ngā rori.

Despite …, I'm surprised …
This idiom is beginning to make a comeback. It's one I find pleasing to the ear. It indicates your surprise at something that has happened. It is similar in nature to 'despite …'. If you want to say, 'despite your old age …', it's better if you say 'tō pakeke ai …'. It's a great idiom to use if you want to be cheeky.

Atawhai: Kia ora everyone. This is Hinerangi, my new girlfriend.
Aroha: Despite your monkey-like appearance, you end up with an absolutely beautiful woman! Hello Hinerangi, I'm Aroha. The boss of the family.
Atawhai: Is that so! The boss of nothing more like it.

Moana: Despite your blindness you still managed to get your driver's licence, Rāwiri. Your eyes are ancient.
Rāwiri: My eyes are fine.
Moana: Gosh, I feel sorry for the people on the road.

E mea ana [koe]

He nui ngā horopaki mō te kīwaha nei, ā, i te nuinga o te wā, ka whiua i ngā horopaki kapekape hai whakautu i ngā pātai a te tangata. Ki tā *He Kohinga Kīwaha* (1999) ka puta tēnei kīwaha hai whakautu i ngā pātai, i tōna tikanga, e mōhiotia ana e te kaiuiui te whakautu. He āhua rite nei tōna āhua ki te kīanga urupare a te Pākehā e mea ana, 'He katorika anō te Popa?', 'Ka hamuti rānei te pea i te ngahere?' hai whakautu i te pātai, e tino 'Āe!' ana te whakautu. He kīwaha pai hai tuku hai whakautu i ngā pātai mutunga mai o te heahea.

Rangi: Māu rānei, mā Rāwiri rānei tō tātau waka e taraiwa?
Hera: E mea ana koe! Me kari tō rua i mua i te wehe mēnā rā ko Rāwiri te taraiwa.
Rāwiri: Tō tene, e Hera! Kātahi anō ka riro i a au tōku raihana.
Hera: Nō te pouaka witipiki kē tō raihana.

Hine: Atawhai, e tūmeke tonu ana au i te ātaahua o tō hoa. Me taku rakuraku i taku māhunga, he aha ia i hinga pēnā ai ki a koe?
Atawhai: E mea ana koe! Titiro mai ki taku purotu. Me whakapakoko taku hanga!
Hine: Ha! Kātahi te kōrero parau!

Tētahi mirimiringa
E mea ana ia?

You bet, what do [you] think?

There are several contexts for this idiom. It is generally used to give cheek when answering someone's question. According to *He Kohinga Kīwaha* (1999), this idiom is used in response to a question when the answer should already be known. It is comparable to the English phrases, 'Is the Pope Catholic?' or 'Does a bear shit in the woods?', which are used when the answer to a question is an emphatic or obvious 'Yes!' It's a good idiom to give when responding to an absolutely silly question.

Rangi: Will you or Rāwiri drive us?
Hera: What do you think? If Rāwiri is driving, you'll need to dig your grave before we go.
Rāwiri: Up yours, Hera! I just got my licence.
Hera: Your licence is from the Weetbix box.

Hine: Atawhai, I'm still shocked at how beautiful your partner is. I scratch my head and ask myself, why did she fall for you?
Atawhai: Why do you think! Look at how handsome I am. I should have a statue made of me!
Hine: Ha! What absolute rubbish.

Variation
What does he/she think?

He aha te aha

Whiua ai tēnei kīwaha i ngā horopaki i āhua moumou tō aro atu.
He rite nei tōna wairua ki tērā o te 'auare ake'. He rite tonu te
rangona o tēnei kīwaha hai hoa haere mō te kīwaha, 'ki konā koe
… ai', hai whakakaha i te wairua o te kōrero. Hoi, i ngā horopaki
kapekape, makaia atu te kīwaha nei ki te tangata hai tohu i te
moumou o ngā mahi i oti i ētahi māna, mā wai ake rānei. I te
nuinga o te wā, ka noho tēnei kīwaha ki te whiore o te rerenga, ka
tū kau rānei.

Peti: Ki konei au paopao ai i taku pīnati, e Hine, he aha te aha.
Hine: Eeeiii, kia ngāwari mai, e kui. He aha te whakataukī rā, 'He
ata au nō ōku kōkara?'
Peti: E kī rā?

Moana: Eii! Atawhai! Ka mea ka taki whakarongo mai.
Rangi: Ki konā koe, Moana, tohutohu ai i tēnā, he aha te aha. Kua
peitatia ērā taringa ōna.
Atawhai: Mō taku hē, i te pātuhi kē au ki taku wahine.
Rangi: He wahine tāu?! Ko tō ringa katau rānei?

Tētahi mirimiringa
Auare ake

An absolute waste of time

This idiom is said when you have wasted your time. It's like the idiom 'to no avail'. This phrase is also often heard with 'until the cows come home' to emphasise the spirit of the phrase. However, in contexts of giving cheek, utter this to someone to show how much time people have wasted on doing something for them. In most cases this idiom appears at the end of a phrase.

Peti: Here I am banging my head against the wall, Hine, what a waste of time!
Hine: Eeeiii, be nice, old woman. What's that saying, 'I am a reflection of my aunties'?
Peti: Is that so?

Moana: Hey! Atawhai! How about you listen up?
Rangi: You're wasting your time, Moana, telling that fulla what to do. His ears are painted on.
Atawhai: Sorry, I was texting my girlfriend.
Rangi: You have a girlfriend? Or is it your right hand?

Variation
To no avail

Ka mutu tonu

Ki tā *He Kohinga Kīwaha* (1999), he kīwaha te 'ka mutu tonu' hai tohu i te auau, i te rite tonu, i te kaha rānei o te tangata ki te mahi i tētahi mahi. He rite tōna wairua ki te kīanga 'hoki atu, hoki atu' me te kīwaha, 'he rite tonu'. Kai runga i tō tuku me te horopaki mēnā rānei he kupu whakamihi, he kupu whakaiti rānei. Whiua ai hai kapekape, hai tohu i tō hōhā, i tō kata i te hoki atu a te tangata ki āna mahi, ki tana kore rānei i mahi.

Rangi: Kua haere au ki te whare whakapakari tinana, e te tau.
Moana: Ka mutu tonu tō haere ki te whare whakapakari tinana, he aha te aha. Kai te tautau tonu tō puku, e Rangi. Me mutu kē te kai tiakareti.
Rangi: Āe, hai te Mane tīmata anō ai te tika o aku kai.
Moana: Mane atu, Mane mai!

Tama: Ka mutu tonu tō komekome, Aroha. He hōhā.
Aroha: Ki te kore e rata mai, purua ō taringa.
Tama: E kore e ārai i te pakitara raima tō reo.

Ētahi mirimiringa
He rite tonu … (he kīwaha hoki tēnei)
Hoki atu, hoki atu …
Ko taua āhua tonu

You're constantly …
In *He Kohinga Kīwaha* (1999) this idiom relates to someone
repetitively doing a particular task. It's similar to the idioms
'same old story' and 'over and over'. Context and tone of voice
determine whether it is an acknowledgement or a belittlement.
It's often said in jest and banter to show displeasure or to express
amusement about something repetitively being done or not done.

Rangi: I'm off to the gym, honey.
Moana: You're constantly going to the gym, what a waste of time!
Your belly is still sagging, Rangi. What you need to do is stop
eating chocolate.
Rangi: Yes, yes. I start my diet on Monday.
Moana: You say that every Monday!

Tama: You're constantly complaining, Aroha. It's annoying.
Aroha: If you don't like it, don't listen.
Tama: Not even a concrete wall can block your noise!

Variations
[They] always …
Same old, same old …
It's the same old thing

Kai kō atu i/o kō mai

He pērā tēnei kīwaha i tērā e kī ana, 'kai te tero o te hea'. Ki tā *He Kohinga Kīwaha* (1999), ka whakamahia tēnei hai tohu i tō kore hiahia kia mōhiotia te wāhi o tētahi mea, i tō kore mōhio rānei ki te whakautu. Hai āpitihanga atu, he urupare hoki tēnei ki tētahi pātai āhua heahea nei. Nō reira, ki te pātai atu ō tamariki, 'Kai hea rā te mea, te mea, te mea?', ā, kai mua tonu i ō rātau kanohi, e pai ana kia karawhiua te kīwaha nei. E pai ana hoki kia whai atu ētahi wāhi i te rerenga kia rite ki te tauira tuarua o raro iho nei.

Atawhai: Kai hea rā te rou mamao?
Aroha: Kai kō atu i kō mai.
Atawhai: Tēnā, homai! Kua hōhā katoa au i ngā Kardashians.

Rangi: Kai hea te tiakareti?
Moana: Kai kō atu i Tāmaki, kai kō mai i Timaru.
Rangi: Moana!
Moana: He aha? I mahara au kua tīmata kē tō kai i ngā kai hauora? Kāore anō kia hōtoke, kua whai paraikete kē koe.

Ētahi mirimiringa
Kai kō atu i (wāhi), kai kō mai i (wāhi)
Kai kō mai o kō atu

Up your jacksie
This idiom is similar to 'up the hare's arse'. According to *He Kohinga Kīwaha* (1999), you can use this phrase when you don't know where something is, or when you don't want someone else to know where something is. Additionally, it is used in response to a question that is the epitome of stupidity. So, if your children ask, 'Where's this and that?', and it's right in front of them, this is a good idiom to use. It's also fine to add places to the phrase so it looks like the second example below.

Atawhai: Where's the remote?
Aroha: Up your jacksie.
Atawhai: Just give it! I'm over the Kardashians.

Rangi: Where's the chocolate?
Moana: Somewhere between Auckland and Timaru.
Rangi: Moana!
Moana: What? I thought you had started your diet. It's not even winter and you already have a winter coat on.

Variations
Between … and …
In the middle of

Nāwai i [hē], ka [hē] (kē) (rawa) atu
Rere ai tēnei kīwaha hai tohu i te huringa o tētahi āhuatanga.
I ngā horopaki kapekape, ka tukuna tēnei kīwaha hai whakatoi i
te tangata me te heahea o tētahi mahi, o tētahi whakaaro rānei
ōna. Ehara i te mea kua herea tēnei ki ngā horopaki kapekape
anake, engari he rite tonu te whakamahia i ngā horopaki whakaiti,
whakanui hoki.

Hera: Pū! Ko koe tērā, Rāwiri?
Rāwiri: E hē! Ko te kurī kē.
Hera: Rūkahu! Nāwai i haunga, ka haunga rawa atu!

Aroha: Kua kite anō koe i a Tama me tana whakaahua i te Tinder?
Hine: Ehara! Me te rūkahu hoki o tōna whakaahua!
Aroha: Āe. Nāwai i makimaki te āhua, ka āhua pai tonu i te
ipurangi.

Tētahi mirimiringa
Kātahi ka hē kē atu

Going from [bad] to [worse]
This idiom emphasises a change. In the context of giving cheek it references the stupidity of someone's actions, thoughts or words. This idiom is not restricted to jest and banter but is also often used to belittle or acknowledge someone or something.

Hera: Poo! Was that you, Rāwiri?
Rāwiri: No! It was the dog.
Hera: Liar! It's now gone from smelly to putrid!

Aroha: Have you seen Tama and his photo on Tinder?
Hine: Yes! And his profile picture is Photoshopped!
Aroha: Yeah! He's gone from looking like a monkey in real life to something that looks half decent online.

Variation
That's even worse

Kua mau [tō] iro!

Ki tā *He Kohinga Kīwaha* (1999), he kīwaha tēnei ka whiua atu ki te tangata, i tōna tikanga, kua mōhio ki te hē. Whiua ai ki te tangata e mōhio ai ia me whakatikatika ia i ana mahi, haere ake nei. I ngā horopaki kapekape, i ōna wā, e āhua rite ana hoki ki te wairua o te kīwaha, 'Anā tō kai!'

Moana: He aha rā te mate, e Hine?
Hine: I whara taku waewae i a au e whakarite ana i taku TikTok.
Moana: Tō kai, tō kai! Kua mau tō iro?

Rangi: E Hine, i tō kore i whakarongo, kua noho mai koe ā te paunga wiki. Kua kore koe e haere ki tō hoa.
Atawhai: E iro, e iro!

Tētahi mirimiringa
E iro, e iro!

[You] should have learned [your] lesson!
In *He Kohinga Kīwaha* (1999) this idiom is used for people who should know better. It's said to them so they can reflect on their actions and do better next time. In some cases, and in contexts of giving cheek, this idiom is similar in nature to a sarcastic 'Good job!'

Moana: What's the matter, Hine?
Hine: I hurt my leg when I was doing my TikTok.
Moana: Serves you right! You should have learned your lesson.

Rangi: Hine, since you didn't listen you can stay home this weekend. You're not going to your friend's house!
Atawhai: You should have learned your lesson.

Variation
You should know better!

Engari mō tēnā!

Ki te puta i te tangata tētahi kōrero rūkahu, tētahi kōrero rānei e tino whakahē nei koe, whiua tēnei kīwaha hai kapekape atu i a ia. Ko tā te kīwaha nei, he whakahē i ngā kōrero kātahi anō ka puta, ā, he wā hoki tōna he whakahē i te mahi a te tangata (*He Kohinga Kīwaha*, 1999).

Rāwiri: Kia ora rā, e Peti. Ka rawe kua tae mai koe! Māu pea ā tātau kai e tunu?
Peti: Engari mō tēnā! Kua haramai noa au ki te inu i taku wāina me te tonotono i a koe.

Hera: I mea mai a Rangi kua mutu tana kai rāpihi.
Hēni: Engari mō tēnā. Kātahi anō au ka kite i a ia e kai trifle ana. I maunga Hikurangi nei hoki te nui o tana pereti.
Hera: E kī rā!

Tētahi mirimiringa
Hai aha tāu!

No way José, hell no!
If someone utters a lie or a statement you completely disagree
with, reply with this cheeky phrase. This idiom indicates your
disagreement with what they have said and, at times, what they
have done (*He Kohinga Kīwaha*, 1999).

Rāwiri: Hello Peti! Perfect, you've arrived! You might be able to
cook our food?
Peti: Hell no! I've just come to drink my wine and boss you
around.

Hera: Rangi mentioned that he's done eating rubbish.
Hēni: No way José. I just saw him having some trifle. His plate
was about the size of Mount Hikurangi.
Hera: Is that so!

Variation
You're dreaming/never mind what you think

He aha hoki [tāu]?

Ko tā te kīwaha nei, he tohu i tō whakahē, i tō āhua rangirua rānei i ngā kōrero i puta i tētahi. Kāore pea i te hāngai ki te kaupapa, ā, kai tua o tāwauwau rā anō te tangata me ana kōrero e haere ana. He tohu hoki tēnei kīwaha i te wheke a te tangata ki tētahi, ki tētahi āhuatanga rānei.

Peti: He aha hoki tāu, e Rangi?
Hera: I ngote rēmana rānei koe i te kawa mai o tō kanohi.
Rangi: E hē. Kai te riwha noa aku kanohi i te kaha ataata mai o ō kōrua kanohi. I pania rānei ō kōrua kanohi ki te keke?
Peti: Pōkokohua!

Rāwiri: Ka mate ana ahau, ko te urupā o te marae taku whakauenukutanga.
Peti: He aha hoki tāu, Rāwiri? Kai te kōrero kē mātou mō te uhunga o te Kuīni.
Moana: Ka mutu, ehara māu tērā whakatau, mā te hapū kē, mā te hunga ora kē. Mēnā nōku te mana, kua tahuna noatia koe ka hokona atu ai hai kirikiri hamuti mō te ngeru.

Tētahi mirimiringa
Ki a [koe] (rā) hoki? (Hai tohu i tō ohorere)

What [are you] even on about?
This idiom expresses that you are confused about or don't agree with something a person has said. Their comments might not be relevant to the topic of discussion or their chat indicates they are away with the fairies. This idiom can also express anger towards a person or a circumstance.

Peti: What are you even on about, Rangi?
Hera: You must have sucked on lemons the way your face is all sour.
Rangi: No, I'm just squinting my eyes because your faces are so shiny. Did you put cake all over your faces?
Peti: You little …!

Rāwiri: When I die the graveyard at the marae will be my final resting place.
Peti: What are you even on about, Rāwiri? We're talking about the Queen's funeral.
Moana: And plus, that's not up to you, it's up to the subtribe and those who are still living. If it was up to me, you'd be cremated and sold as cat litter.

Variation
What's wrong with [you]? (To express surprise)

Āmiki rawa [tēnā]

Whiua ai tēnei kīwaha mēnā rānei ka puta ētahi kupu i te tangata, ā, nā konā e whakaaro nei koe, 'Aiii, kua rahi, kua rahi, kua nui tēnā!' He pai hai kapekape ki te puta i tētahi ētahi momo kōrero oatekēti, he kōrero rānei e kawa ana ki ō taringa.

Peti: I kite rānei koe i te mātotoru o ōna uaua.

Hera: Ehara! Me te nui hoki o ōna ringaringa. E mōhio ana koe ki te kōrero, e Peti, 'Me nui te ringaringa mō te nui o te taiaha!'

Rangi: Āmiki rawa! Āmiki rawa!

Hine: I pēhea te poka?

Aroha: I pai, engari ia te mate tikotiko i te nui o ngā rongoā, auē taukuri ē! Me kore ake te roto o Taupō.

Atawhai: Aiii. Āmiki rawa, e kui.

Ētahi mirimiringa

Kua rahi!

Kāti, kāti!

That's too much information, thank you
This idiom is said if someone is speaking and you're thinking,
'Geez, that's enough, that's enough, I don't want to hear any
more!' It's good to say in jest and banter when someone says
something out the gate or something that does not sit well with
you.

Peti: Did you see how big his muscles are?
Hera: Yes! And he has big hands too. You know what they say,
Peti, 'You need big hands for a big taiaha!'
Rangi: That's too much information, thank you!

Hine: How did the surgery go?
Aroha: It was fine, but the diarrhoea from the medication has been
next level! Like Lake Taupō.
Atawhai: Woah! Way too much information, thank you.

Variations
That's enough!
Stop it, stop it!

Kua hē haere [ō] rā

He kīwaha whakatoi, he kīwaha kapekape tēnei i te tangata hai tohu i tōna wareware, i tōna hinengaro makere. Ahakoa ka whiua ki te pakeke e kuia, e koroua haere ana, e te pakeke rānei mōna anō, ka whiua hoki ki te taiohi hai whakaahua i tana wareware, hai tohu hoki i te pōraruraru o ngā whakaaro o tētahi (*He Kohinga Kīwaha*, 1999).

Rangi: I whiua rā taku tarau raro ki hea?
Moana: Arā, rē! Kai mua tonu i a koe.
Rangi: Auē, kua hē haere ōku rā!
Moana: E mea ana koe!

Aroha: I ahatia aku kī?
Tama: Kua hē haere anō ō rā, Aroha. Kua kuia haere.
Aroha: Ō raho!

Tētahi mirimiringa
He hinengaro makere

[You've] lost [your] marbles
This idiom is said in jest and with tongue-in-cheek to show how forgetful or scatterbrained someone is. Although it is mostly said to someone who is getting older, or said by an older person about themselves, it can also be said to younger people to show how forgetful or confused they are (*He Kohinga Kīwaha*, 1999).

Rangi: Where did I leave my undies?
Moana: There! Right in front of you.
Rangi: Gosh, I've lost my marbles.
Moana: You don't say!

Aroha: What happened to my keys?
Tama: You've lost your marbles again, Aroha. You're becoming an old woman.
Aroha: Up yours!

Variation
Forgetful

Auare ake
He rite tonu te rangona o tēnei kīwaha ki roto o Tūhoe, engari
kua āhua horapa haere i ēnei rā. He rite tōna wairua ki te kīwaha
'he aha te aha', me te kīwaha 'ki konā koe … ai'. Ko tā te kīwaha
nei, he tohu i te huakore o tētahi kaupapa, o tētahi mahi rānei, ā, i
moumou pea tō aro atu, tā tētahi atu aro atu rānei.

Hēni: Kāore tēnei hamupaka e rite ki te whakaahua e iri nei ki
muri o te pae. Me whakahoki e au.
Peti: Ki konā koe komekome ai, Hēni, auare ake. Ka kīia koe he
Karen.
Hēni: Engari, titiro, he whakaahua rūkahu noa iho tērā.

Aroha: Māku ngā kaka e pōkai, Māmā.
Atawhai: Ahakoa tō mitimiti tou, Aroha, auare ake! Ko au tonu te
'tino' o Māmā.
Aroha: E ai ki te wira, ko te poti noa iho ki a koe. Ko te toenga ki
a mātou. Ka mutu, koia anake pea te ngeru ka whiwhi koe, haere
ake nei.

Ētahi mirimiringa
He aha te aha
Ki konā koe … ai

To no avail

This idiom is constantly heard in Tūhoe (a tribe in the eastern Bay of Plenty), but it has become widespread. It's similar in nature to 'a waste of time' and 'until the cows come home'. It signals that an action or an event has been a waste of time and that the intended outcome has not been achieved.

Hēni: This hamburger doesn't look like the one in the photo behind the counter. I should take it back.
Peti: You can sit there moaning all you like, Hēni, but to no avail. You'll be called a Karen.
Hēni: But look, that's false advertising.

Aroha: I'll fold the clothes, Mum.
Atawhai: Despite your bum licking, Aroha, it's to no avail. I'm still Mum's favourite.
Aroha: Well, according to Mum's will you only get the cat. The rest is for us. And plus, that might be the only pussy cat you get!

Variations
Nothing comes of it
You can ... all you like

He aha hoki

Ki te whakahē atu koe i ngā kōrero a tētahi tangata, whakaputa mōhio mai, whakahōhā mai, karawhiua rātau ki tēnei kīwaha. Whakamahia ai tēnei kīwaha hai tohu i tō tino whakahē i ngā kōrero, i tētahi āhuatanga rānei pea ka puta, i puta rānei. He rite tōna wairua ki tērā kīwaha e mea ana, 'Engari mō tērā!'

Peti: Ka haere anō koe ki te tangihanga o Hēnare?
Hera: He aha hoki! Ka rūkahu noa taku haere atu. Pai kē atu taku noho ki te kāinga ki te mātaki i taku *Judge Judy*.
Peti: Tētahi kuia ko koe, e Hera!

Moana: Me haere tahi tāua ki te parakitihi haka ā te pō nei.
Rangi: He aha hoki! He mau maro te rōpū rā. Ko wai te tangata pīrangi kia kitea mai tōna tou, me te miro niho i waenga i ōna pāpāringa?
Moana: He rawe tonu ki a au tō tou, e taku tau.

Tētahi mirimiringa
Engari mō tēnā!

Not on your nelly
If you don't agree with what someone has said, whether they're a
know-it-all or just annoying, say this to them. Use this phrase to
convey an emphatic 'No!' or that you think there is no chance of
something happening. It has a similar nature to 'Not a chance!'

Peti: Will you go to Hēnare's funeral?
Hera: Not on your nelly! It would be insincere if I went. I'd rather
stay home and watch *Judge Judy*.
Peti: You're one of a kind, Hera.

Moana: We should both go to haka practice tonight.
Rangi: Not on your nelly! That group wears maro.* What kind of
person wants their bum to be seen, as well as have nothing but
dental floss between their bum cheeks?
Moana: I like your bum, my honey.

Variation
No way Jose!

---

* A short kilt.

[Te] hia [pai] hoki
He kīwaha anō tēnei e tohu ana i tō whakahē, i tō ohorere ki ngā
mahi, ki ngā kōrero, inā rā he mahi whakaiti, āhuaatua rānei. He
whānui te whakamahinga o te kīwaha nei, ā, he nui ngā whiore
hai whakakapi i te kupu 'pai' nei. Ko ngā rerenga pēnei i 'te hia
pātai', 'te hia kore i whakamā', 'taku hia maumahara' ētahi tauira
hai āwhina i tō wānanga i ngā mirimiringa o tēnei kīwaha. Hoi
anō, he rawe hai whiu i ngā horopaki kapekape.

Hine: Nā Tama i whāki atu, Aroha!
Tama: Tō hia pai hoki! Nā kōrua kē ko tō waha papā.
Atawhai: Āe, nā Hine tonu au i kōrero.
Tama: Ana, kua mau koe i tō rūkahu!

Peti: Kua rongo anō koe mō te hopi, Rāwiri. Kai te rongo au i te
haunga i ō kēkē.
Rāwiri: Tō hia pai hoki. Kua horoi rānei koe?
Peti: Āe, i nā tata nei. Engari anō koe, nō te wā pea i te Karaiti.

Ētahi mirimiringa
Tana hia pai hoki
Tō koutou hia pai hoki

[The] cheek of it

This is another idiom that expresses disgust or amazement at what someone said or did, particularly if it was rude or disrespectful. This idiom has a lot of applications and there are many 'tails' that can replace the word 'pai'. Phrases such as 'the nerve to ask …', 'they're not even embarrassed at …' and 'I'm surprised I remember that …', are variations of this idiom — all great for giving cheek.

Hine: It was Tama who narked, Aroha!
Tama: You've got cheek! It was you and your big mouth.
Atawhai: Yeah, it was Hine who told me.
Tama: See, you've been caught out by your own lie.

Peti: Have you heard of soap, Rāwiri? I can smell your pits from here.
Rāwiri: The cheek of it! Have you even had a wash?
Peti: Yes, not long ago. But your last wash was probably back when Jesus was around.

Variations
[He's] got cheek
You've (all) got cheek

Kaitoa

He rite te wairua o tēnei kīwaha ki te kīwaha 'E koe', me te kīwaha 'Anā tō kai'. Puta ai tēnei kīwaha i ngā horopaki kapekape hai tohu i te pānga o tētahi āhuatanga ki te tangata, hoi anō, nāna anō tana rua i kari. He wā hoki tōna ka puta tēnei kīwaha hai tohu i te puta o te ihu o te tangata i tētahi mahi, i tētahi āhuatanga rānei. Hoi anō, i ngā horopaki kapekape, ka kaha ake te puta o te wairua whakatakē i te tangata, ka tohu rānei i tō kore e aroha atu.

Tama: I panaia a Aroha i te kura.
Atawhai: I nē? He aha ai?
Tama: I te momi tupeka ia ki muri o te whīra.
Atawhai: Kaitoa! Nāna anō tōna mate i kimi. Kua mau te iro!

Rangi: Aiii, kua makariri te wai!
Moana: Kaitoa. Nāku koe i mea kia utungia te nama.

Tētahi mirimiringa
Tō kai, tō kai

Good job

This idiom is similar to 'Serves you right.' This is used in jest and banter to say that someone deserves a negative outcome, punishment or misfortune; they have dug their own hole. There are times when this is used to praise someone for achieving a task, however, in the context of this book it is used sarcastically to belittle someone or show that you have no sympathy for them.

Tama: Aroha was expelled from school.
Atawhai: Really? Why?
Tama: She was smoking at the back fields.
Atawhai: Good job. That's her own fault. She should have known better!

Rangi: Gosh, the water is cold!
Moana: Good job. I told you to pay the bill.

Variation
Serves you right

Kātahi rā

He kīwaha tēnei e tohu ana i tō mīharo, i tō whakahē rānei i tētahi āhuatanga i puta, i ētahi kōrero rānei i puta. Whiua ai tēnei kīwaha ki te tangata, e te tangata hoki nōna e mahi ana i ana mahi o ia rā.

Hera: Pōkokohua tīkera!
Peti: Kātahi rā! Tō reo, e Peti, me horoi ki te hopi. I ahatia?
Hera: I maringi katoa te wai wera ki te papa, ka wera taku waewae.

Atawhai: Kātahi rā, Aroha. Tētahi kaka anuanu ko tēnā.
Aroha: Te kōrero a te tangata he anuanu tana kanohi.

Tētahi mirimiringa
Wī

Good grief
This idiom shows surprise, shock or disdain of something that's happened or words that have been spoken. It's an exclamation that can be used to express alarm, dismay, annoyance, or some other usually negative emotion. This idiom is said to a person by someone who is going about his daily business.

Hera: Stupid bloody kettle!
Peti: Good grief, Peti! You need to wash your mouth out with soap. What happened?
Hera: All the hot water has spilt on the ground and burnt my leg.

Atawhai: Good grief. That's an ugly dress.
Aroha: Said by the person with an ugly face.

Variation
Crikey dick

E hawa, e hawa

He kīwaha tēnei e tohu ana i tō tumeke, i tō ohorere ki ngā kōrero i puta i tētahi tangata mō tētahi momo āhuatanga. Ka puta pea tētahi kōrero i tētahi ngutu kuia mō te peke taiapa a mea, mō te mahi heahea rānei a mea, ā, i konā kua rere te kīwaha nei hai whakahoki i ēraka kōrero. I te nuinga o te wā, ka whai ko te whakautu 'ehara, ehara' (*Te Aka*, n.d.).

Hera: Kia mate au, e Peti, tahuna au, ka ruiruia ai ki te moana. Kua tuhia ki taku wira.

Peti: E hawa, e hawa. I te nui o ō hara, ka riro koe i a Hātana.

Hera: He wira te wira. Kua herea koe e te ture. Ka mutu, he anahera kē au.

Peti: Āe. Koirā hoki tā Hātana.

Aroha: I rongo au i te aka kūmara i haere kōrua ko Hēnare ki te kai.

Hine: E hawa, e hawa! Me he makimaki tērā kātahi anō ka heke i te rākau.

Aroha: E ai ki te kōrero, ko koe kē te mea i heke iho i tōna rākau.

Ētahi mirimiringa
I nē?
E kī rā?

No way, are you serious?
This idiom indicates surprise and shock at the words someone has said. For example, a gossiper might talk about someone jumping the fence or doing something stupid, so this idiom can be used in response. In most cases the response is 'indeed' (*Te Aka*, n.d.).

Hera: When I die, Peti, cremate me and scatter me in the sea. I've put it in my will.
Peti: No way. You're so full of sin that Satan will take you.
Hera: A will is a will. You'll be forced to abide by the law. Plus, I'm an angel.
Peti: Yes, that's what Satan said …

Aroha: I heard through the kūmara vine that you and Hēnare went out on a date.
Hine: Are you serious? He looks like a monkey that just came down from the tree.
Aroha: Apparently it was you who came down from his tree …

Variations
Really?
Is that so?

Hai aha (atu) [māu/māku]
Ki te whakapōrearea, ki te whakahōhā rānei tētahi i a koe, i tētahi
atu rānei, koia tēnei te kīwaha hai whiu māu. He nui ōna horopaki
i te ao o ia rā, o ia rā, pēnei i ngā kōrero whakatakē a tētahi mōu.
Ko tana tohutohu ki te tangata, kia kaua e warea katoa ōna
whakaaro ki taua mea mahi, ki taua mea kaupapa, ki taua mea
tangata rānei.

Rangi: Kua pīrangi kiki au i te tou o Tama. Kāore ōna taringa.
Moana: Hai ata atu māu. Me kore ake te pāpā, nē? Kua hoki te
kurī ki te kai i tana ruaki.
Rangi: Tō tenetene.

Rāwiri: E Peti! Me whakakarakara e koe ō makawe. Kua hina
haere, e kui!
Peti: Hai aha atu māku. He taiea! Engari anō tō anuhea, tē taea te
pēhea.

Ētahi mirimiringa
Hai aha noa iho
Hai aha atu

Don't let it bother [you], [I] don't care
This is the idiom to say to someone who is getting annoyed. It has many uses in everyday lives of people, such as when someone is being criticised or judged. It instructs people not to get caught up in an action, an event or a person.

Rangi: I want to kick Tama's arse. He doesn't listen.
Moana: Don't let it bother you. He's just like you. And what goes around comes around.
Rangi: Get stuffed.

Rāwiri: Peti! You need to dye your hair. You're getting greys, old lady.
Peti: I don't care. It's distinguished! But your ugliness, nothing can be done about that.

Variations
Who cares
Don't take any notice

Nōhea hoki [tāu]

Ki tā *He Kohinga Kīwaha* (1999), ka rere tēnei kīwaha hai tohu i tō kore e whakapono ki ngā whakaaro o te tangata, ki ngā kōrero hoki āna. Kai runga i tō whiu te wairua kapekape, te wairua whakahē rānei. He rite tōna wairua ki tērā o te kīwaha, 'nā wai hoki tāu'. He nui ngā wā ka puta ngā kōrero heahea, ko ngā rūkahu, ko ngā whakamōmona hoki i te tangata, ā, koia tēnei tētahi kīwaha rawe hai whiu i aua horopaki.

Peti: Kua kuhu a Rāwiri ki te Iron Māori. I mea mai ia ka nakawhiti ia i roto i te rua wiki.
Moana: Nōhea hoki tāna! Ka pau noa tana hau i te hīkoi ki te pākatio.

Rangi: Māku te hēte e whakatū.
Moana: Nōhea hoki tāu. Kāore e tū i a koe he tēneti!
Rangi: Taukahore!

Tētahi mirimiringa
Nā wai hoki [tāu]

Whatever, where did you get that idea from?
In *He Kohinga Kīwaha* (1999) this idiom shows skepticism about
someone's intended actions. Tone of voice determines whether
it is said in jest or disdain. It is similar in nature to 'balderdash'.
This idiom is ideal for situations when someone says something
stupid, lies or exaggerates.

Peti: Rāwiri's entered Iron Māori this year. He reckons he'll be fit
in two weeks.
Moana: Where did he get that idea from? He gets tired from
walking to the fridge.

Rangi: I'll put up the shed.
Moana: No, you won't. You can't even put up a tent.
Rangi: Ouch!

Variation
Balderdash

Kia kīia ai (hoki)!

He rite te wairua o tēnei kīwaha ki tērā o te, 'E kī, e kī!', e tohu nei i tō whakahē, i tō ohorere rānei ki ngā kōrero, ki ngā mahi a te tangata, ki ōna whakaaro rānei. Ki tā *He Kohinga Kīwaha* (1999), me āhua whakaparana, me whakahīhī rawa te tangata e puta ai tēnei kīwaha. Ka mutu, he pērā anō i ētahi atu kīwaha, kai runga anō i tō tuku te wairua kapekape, te wairua whakahē, te wairua whakatakē rānei.

Rāwiri: Māku e tū ki te kōrero hai māngai mō te whānau.
Hera: Kia kīia ai. Kāore e makere te kiri o te rīwai i a koe, kua pīrangi haere tika koe ki mua?
Rāwiri: Ki konā koe komekome mai ai, he aha te aha.

Aroha: Homai ki a au te rākete. Māku ia e karawhiu.
Tama: Kia kīia ai hoki. Ka kai koe i ō hamuti.
Aroha: Kāore anō au kia hinga. Ā, ka pērā tonu i te rā nei.

Tētahi mirimiringa
E kī, e kī!

Is that so?

This idiom is similar in nature to 'You don't say!', used to show disdain or disbelief at what someone has said, their actions or their thoughts. In *He Kohinga Kīwaha* (1999), when people are showing off and are a bit up themselves this idiom is used. Much like many other phrases, tone of voice signals whether it's said in jest, disagreement or disdain.

Rāwiri: I'll speak on behalf of the family.
Hera: Is that so? You can't even peel a spud and you want to go straight to the front.
Rāwiri: Sit there and moan all you like, it's a waste of time.

Aroha: Give me the racket. I'll kick his arse.
Tama: Is that so? I think you'll regret it.
Aroha: I've never lost. And that's not about to change today.

Variation
You don't say!

Kua puhipuhi te tero o Tāwhiri

He kīwaha tēnei e tohu ana i te pukuriri o te tangata. Hoi anō, nāwai i puku te rae, kua puhipuhi te tero o Tāwhiri. Ahakoa e kaha ana te whiua o tēnei kīwaha ki te tangata e pukuriri ana, he wā ōna ka pukuriri kē atu tērā tangata i te whiua atu ōna ki tēnei kīwaha!

Peti: Aiii, kua puhipuhi te tero o Tāwhiri.
Rāwiri: E hoki koe ki tō rua, e Peti.
Peti: Tō kaha ai ki te whakatoi, kāore e pai ki a koe tā ētahi whakatoi i a koe. Te hia pai.

Tama: Hoihoi!
Atawhai: Ha ha. Kua puhipuhi te tero o Tāwhiri?

Ētahi mirimiringa
Kua puku te rae
Kua tū ngā pihi

Fuming, foaming at the mouth
This idiom highlights someone's anger. In fact, they've gone from being angry to being livid. This idiom is often used when someone is angry, and saying this to them may make them even more so!

Peti: Gosh, you're foaming at the mouth.
Rāwiri: Go back to your hole, Peti.
Peti: You can dish it out, but you can't take it, aye? The cheek of it.

Tama: Be quiet!
Atawhai: Ha ha. Are you foaming at the mouth now?

Variations
Annoyed
Raised hackles

Tahi rā [koe]

Ki te puta i tētahi tangata he kōrero, he whakaaro, he tono, he whakatoi, tēnā whiua tēnei kīwaha hai whakahoki i ana kōrero i runga i te wairua ngahau. Whakamahia ai tēnei kīwaha mō te tangata e whakateka ana, mō te manawa kai tūtae. He rawe tēnei kīwaha i ngā horopaki kapekape, ā, he rite tōna wairua ki te kīwaha 'E kī rā.'

Rangi: Kua haere au ki te hoko hū hou mō te mahi.
Moana: He nui rawa ō hū. Ka mutu, he nui rawa ngā nama. Waiho mō tērā marama.
Rangi: Tahi rā koe! Kua tata ruaki te kāpata i te nui o ō hū. Katoa a Awherika ka whai hū i te nui o ōu!

Tama: Ka tono anō au i te kōtiro rā kia kai tahi māua.
Atawhai: Tahi rā koe! Kua toru ana whakahē i a koe.
Tama: Ka whā ai, ka whakaae mai!

Tētahi mirimiringa
E kī rā!

[You've] got a nerve
If someone gets a bit too cheeky or smart for your liking, use this idiom in response. This phrase is used for someone who is being especially brave, audacious or sassy. It is a useful idiom for giving cheek and has a similar meaning to 'Is that so.'

Rangi: I'm off to go buy some new work shoes.
Moana: You have too many shoes. And we have too many bills. Wait for next month.
Rangi: You've got a nerve! That's because our cupboard is already overflowing with *your* shoes. You've got shoes for Africa!

Tama: I'm going to ask that girl out on a date.
Atawhai: You've got nerve! She's already turned you down three times.
Tama: Fourth time's the charm!

Variation
The cheek!

... pī te tero
Ki te titiro te tangata ki te papakupu, ka kite pea rātau ko tikanga o tēnei kīwaha ko te kī o te puku i te kai, me te tika hoki o tērā. Hoi anō, kua rangona e au tēnei kīwaha e whakamahia nei hai tohu i te kore i whakatutukihia o tētahi mahi e tētahi tangata — kāore i tareka e ia. He rite te wairua ki tērā kīwaha, 'Kua pau te hau.' He nui ngā horopaki hai whiu i tēnei kōrero hai tohu i te koretake o te tangata ki te mahi, tae atu ki ngā horopaki kapekape.

Hera: Kāore te tāne e mōhio ki tēnei mea, ki te pukumahi. Ko tāna, he haere noa ki te 'mahi' i tana tari whāhauhau. Engari anō te wahine, he whānau tamariki, he whakatikatika, he aha atu, he aha atu.
Peti: Ehara! Ka pī noa te tero o te tāne i te kore noa iho.

Moana: E oma, e Hine, e oma!
Rangi: Ehara ia i a Forest Gump. Titiro, kua pī noa te tero i te rima meneti tuatahi.
Moana: E kare.

Ētahi mirimiringa
Kua pau te hau
Kua pakaru te hamuti
Kua pakaru te tero o te tīkaokao

Can't do it, exhausted
In the dictionary, you'll find this idiom describing a belly full to the brim with food. However, I've heard this idiom used to describe someone who is unable to complete a task — they can't do it. It is similar in nature to 'I'm buggered.' There are several contexts where this idiom is used to show how useless someone is at a task, as well as when giving cheek.

Hera: Men don't know what hard work is. All they do is go to 'work' and sit in an air-conditioned office. But us women, we have to give birth, tidy up and do everything else under the sun.
Peti: I reckon! Men get exhausted over nothing.

Moana: Run, Hine, run!
Rangi: She's not Forrest Gump. Look, she's exhausted and it's only been five minutes.
Moana: Oh gosh.

Variations
Out of gas
They won't be able to do it
Absolutely stuffed

Hoi anō [tāu] he …, hoi anō [tāu] ka riwha
He kīwaha tēnei hai tohutohu i te tangata ki ngā mahi e tika kē
ana māna, ki ngā mahi rānei e toe ana ki a ia. He rite te wairua
ki te kōrero, 'anei noa tāu mahi, he …'. Ki tā *He Kohinga Kīwaha*
(1999), he wā hoki tōna ka puta te kīwaha nei hai tohu, 'arā noa
iho te mahi ka taea' (wh. 174). I ngā horopaki kapekape, he momo
wairua whakahāwea tōna.

Rangi: Tēnā, homai tō papareti. He tohunga au i ōna wā. Hoi anō
tā koutou, he mātakitaki.
Hine: Hoi anō tā mātou he kata. Kua koroua kē koe.
Rangi: Ka kai koe i tō ruaki.

Moana: Kua oti kē i a au ngā mahi. Hoi anō tāu ka riwha he kai,
he hamuti, he moe.
Rangi: Kia kāmu te pāmu. Kātahi anō au ka tae mai ki te āwhina.
Moana: Āe. I mea atu au ki a koe me tae mai ā te iwa karaka. Kua
rua karaka i te ahiahi. Te uri a Tō rāua ko Muri!

Ētahi mirimiringa
Ko tāu noa he …
Hoi anō tā koutou

All [you] did was …, all [you're] good for …
This is an idiom for telling someone what they should be doing
or what's left for them to do. It's like saying, 'all you have to do is
…'. In *He Kohinga Kīwaha* (1999) there are times when this idiom
is used to say, 'this is all they can do' (p. 174). In the context of
giving cheek, it has a mocking nature.

Rangi: Hand me your skateboard. I was a gun in my time. Just
watch me.
Hine: All we'll be doing is laughing. You're an old man.
Rangi: You'll eat your words.

Moana: I've already finished the work. All you're good for is
eating, shitting and sleeping.
Rangi: Calm the farm. I only just got here to help.
Moana: Yes. And I was told you would be here by nine o'clock.
It's now two o'clock in the afternoon. The child of Tō and Muri!*

Variations
All that's left for you is …
All you're good for

---

* Tōmuri = late

Turituri warawara

He kīwaha tēnei hai whiu ki te tangata e kōrero ana mō te kōrero noa iho te take, ā, he reka ki ōna taringa te tangi o tōna reo. E mōhio katoa ana tātou ki tēnei momo, ā, kai tēnā whānau, kai tēnā hapū, kai tēnā iwi. Ka tū mai ana te tangata nei ki te kōrero, kua hoki ngā whakapapa ki a Io rā anō, ā, ka tīkoro haere ngā kanohi o te hunga whakarongo.

Hera: Kua hōhā katoa au i ēnei mihimihi. Ko te tikanga he wānanga kē tēnei. Taihoa, kua mihia tētahi i tana hokinga mai i te mimi. Turituri warawara!
Peti: E mea ana koe!
Hera: Ana, kua tū mai anō tērā!

Hine: Nāna kē te rūma i whakaparuparu, ehara i a au!
Tama: Turituri warawara! Kai a koe mō te rūkahu, e Hine. Nāu tonu ngā rāpihi, nē? Nā wai kē atu!
Hine: Turituri warawara!

Tētahi mirimiringa
Tētahi kumeroa!

Blah, blah, blah
This idiom refers to a person who is talking for the sake of talking and likes the sound of their own voice. We all know someone like this, and there are some in every family, subtribe and iwi. When this person stands up to talk they trace their genealogy all the way back to God, and those that are listening start to roll their eyes.

Hera: I'm over these mihimihi. It's meant to be a wānanga. And now we're acknowledging people just coming back from urinating. Blah, blah, blah.
Peti: You're telling me!
Hera: There, look. Another one's standing up.

Hine: *He* made the room dirty, not me.
Tama: Blah, blah, blah! You're such a liar, Hine. That's your rubbish, aye? Who else would it belong to?
Hine: Blah, blah, blah.

Variation
One for going on!

[Tētahi] [tangata] ko [koe]
He nui ngā horopaki e tareka ana te kīwaha nei. He mea
whakamahi tēnei hai tohu i te rerekē i runga i te wairua āhua
ngāwari nei. Hoi, ehara te rerekē i te mea pai i ētahi horopaki!

Hera: Tētahi tangata ko koe, Rāwiri. Te karawhiu nei i tō patero i
te tēpu kai.
Rāwiri: He patero noa iho. Kāore koe e hemo.
Hera: Kua tata. Kai te rongo au i te karanga a ngā anahera.
Rāwiri: Ehara i te anahera, ko te rēwera kē.

Hēni: Rāwiri, i rongo au kua wehe anō kōrua ko Hinehou.
Moana: Tētahi tokorua! Kua whawhai, kua wehe, mea rawa ake
kua haruru anō te moenga.
Hēni: Ka haruru noa i a Rāwiri mō te toru meneti, nē, Rāwiri?
Rāwiri: Ka mea ka taki wero i ō kōrua ihu ki wāhi kē!

Tētahi mirimiringa
He momo

[You're] one of a kind

There are several contexts where this idiom can be used. It can be used in a positive way to describe someone's uniqueness. However, here, being 'unique' is not always a good thing!

Hera: You're something, Rāwiri. Farting at the dinner table.
Rāwiri: It's only a fart. You won't die.
Hera: Almost! I can hear the angels calling.
Rāwiri: It's not an angel, it's the Devil.

Hēni: Rāwiri, I heard you and Hinehou have separated again.
Moana: You and her are one of a kind! You argue, separate, and then next thing you're back at it again in bed.
Hēni: Only in bed for three minutes though, aye Rāwiri?
Rāwiri: How about you poke your noses somewhere else?

Variation
Unique

Kai a [koe] mō te [komekome]

He kīwaha tēnei e tohu ana i te eke o te tangata ki tētahi taumata i tētahi mahi. Pai mai, kino mai, whakatoi mai, ka āhei tō mirimiri i te mahi. I tēnei kīwaha, i nanaioretia te kupu 'komekome' i ngā horopaki kapekape hai whiu ki te tangata kaha ki te taki amuamu, ki te tangimeme, ki te tangi kurī noa iho rānei.

Peti: I kainga anō ō taringa e Hēni i te ata nei, e Hera?
Hera: E mea ana koe! I mau au i te kīhini nōku e horoi ana i ngā rīhi. Kai a ia mō te komekome!
Peti: Ehara! Komekome ake nei, komekome ake nei.

Hine: Kua hōhā katoa au i ngā tohutohu mai a tō kōkara, e Tama.
Tama: Kai a koe mō te komekome, e Hine! Ka mea ka taki mahi i ngā mahi, ka kopi te waha.
Hine: Te kōrero a te tangata e noho noa ana i konā nā, patu namu ai!

Ētahi mirimiringa
[Komekome] ake nei, [komekome] ake nei
Mō te [komekome]!

[You're] great at [moaning]
This idiom is about someone being excellent at a particular task.
Whether it's bad, good or cheeky, you can replace moaning with
other things. For our examples we use the word 'moaning' in
jest and banter, meaning someone who is moaning or being a cry
baby for no real reason.

Peti: Was Hēni chewing off your ears again this morning, Hera?
Hera: What kind of question is that? I was stuck there washing
the dishes in the kitchen. Gosh, she's great at moaning!
Peti: I reckon! Complain, complain, complain.

Hine: I'm over your bossy aunty, Tama.
Tama: You're great at moaning, Hine. Why don't you just do the
work and be quiet.
Hine: Said by the person who's just sitting there swatting
sandflies.

Variations
Always [complaining]
Great at [complaining]!

[Māu] ka aha?

He whakatoi tēnei kīwaha i te koretake, i te huakore rānei o te tangata ki te tohua ia ki tētahi mahi. Ahakoa te hiahia o te tangata, he aha te aha, kāore he paku aha ka pahawa. Whiua ai tēnei kōrero hei whakaiti i ngā mahi a te tangata rā.

Rangi: I rongo au i te kōrero iramore nei kua tohua a Hēni hai tiamana mō te marae.

Moana: Māna ka aha? Kāore e makere te kiri o te rīwai i tēnā. He whakaputa mōhio kē.

Rāwiri: Kua whai atu au i a koe, e Hera.

Hera: Māu ka aha, Rāwiri? He whakapōrearea noa iho koe. E noho mai koe ki konei, tū tekoteko ai.

Ētahi mirimiringa
Māna ka aha?
Māku ka aha?
Kāore [ōna] take

What difference will [you] make?
This idiom makes fun of how useless and ineffective someone would be if they were asked to do something. Even though they might be willing, nothing will come of it and nothing will be achieved. Use this phrase to belittle or make fun of someone's intended contribution.

Rangi: I just heard that Hēni has been appointed as the marae chair.
Moana: What difference will she make? She can't even peel a spud. She's just a know-it-all.

Rāwiri: I'll follow you, Hera.
Hera: What difference will you make? You'll just get in the way. You can stay here and stand still like a post.

Variations
What good will they do?
What good will I do?
[They are] useless

... **kurī**

Whakamahia ai te kupu nei, te 'kurī', i ngā horopaki maha hai tohu i te koretake, i te kikokore o te mahi a te tangata. E mea ana he rite te mahi a te tangata ki tā te kurī. He wā hoki tōna, ki tā *He Kohinga Kīwaha* (1999), ka whakamahia mēnā he take tō te mahi rā, engari kāore i whaikiko, ā, he whakataruna kē rānei te mahi a te tangata rā. Ka noho ko te tūmahi ki mua tata tonu o te kupu 'kurī', e tika ai te takoto o te kīwaha nei.

Peti: Kāti te kai kurī noa, Rāwiri. Ka tautau tō puku.
Rāwiri: Hai aha tāu. Kai te pai taku puku.
Peti: Mō tēnei wā pea. Engari anō ō titi, kua tata nui ake i ōku.

Atawhai: Moumou tō tangi kurī, Aroha. Kāore he aroha i konei.
Aroha: Ka mea ka taki kopi i tō waha.
Atawhai: Māu te kōrero. Kōrua ko tō waha tangimeme!

Tētahi mirimiringa
Kai te [mahi] kau/noa

… like a dog
The word 'dog' is used in several contexts to show how useless and ineffective someone's effort is, comparing it to a dog's actions or behaviours. Sometimes, as illustrated in *He Kohinga Kīwaha* (1999), this saying is used for an important task, but the execution of the task wasn't successful, or it can be used for someone pretending to do the task. The verb is placed before the word 'dog' for the idiom to be complete.

Peti: Stop eating like a dog, Rāwiri. Your tummy will sag.
Rāwiri: Whatever. My stomach is fine.
Peti: Maybe for now. Your tits, on the other hand, are almost bigger than mine.

Atawhai: You're wasting your dog tears, Aroha. You won't find sympathy here.
Aroha: Be quiet.
Atawhai: You're one to talk. You and your noisy crying.

Variation
They're just [insert verb] (to indicate something fruitless)

[Ka] kai [koe] i [tō] ruaki

He kōrero anō tēnei mō te kurī, ā, he mirimiringa nō te kōrero, 'Ka hoki te kurī ki te kai i tana ruaki.' E whakaritea ana ngā kōrero i puta i tētahi tangata ki te ruaki a te kurī. Ka puta i a ia ētahi kōrero, nāwai, nāwai, kua hoki ia ki te kai i ana kōrero, pēnei i tā te kurī kai i tana ruaki. Arā, kua mate te tangata ki te whāki i tana hē.

Moana: I pōhēhē au ka koretake a Rāwiri ki ērā mahi. Hoi, me kai au i taku ruaki.
Rangi: I nē?! I pai ana mahi?
Moana: Tōna pai nei.

Aroha: Kāore te kōtiro rā e whakaae kia haere tahi kōrua ki te kai. Ko wai te tangata ka pīrangi ki te makimaki pēnei i a koe.
Atawhai: Ka kai koe i tō ruaki. Tēnā, titiro mai.

Ētahi mirimiringa
Tō kai, tō kai
Ka kai koe i tō ruaki

[You'll] eat [your] words

This is another phrase concerning a dog, and is a variation of the saying, 'The dog will return to eat its own vomit.' It compares a person's words to the vomit of a dog. They'll say something and then they will eventually eat their own words, much like a dog eating its own vomit. In other words, the person will be forced to admit they were wrong.

Moana: I thought Rāwiri would be useless at that work. But I have to eat my own words.
Rangi: Really? Was he good?
Moana: Semi-good.

Aroha: That girl won't want to go out to dinner with you. Who would want a monkey like you?
Atawhai: You'll eat your words. Watch me.

Variations
Good job
You'll regret it

Mea rawa ake

Kua āhua kīwaha tēnei kōrero i ēnei rā i runga i te tangata rongonui rā me tana kōrero 'Nek minute'. Ahakoa kua roa tēnei rerenga i te reo Māori, kua āhua kīwaha nei tōna āhua ināianei. Hoi anō, he tohu tēnei kīwaha i tētahi āhuatanga i puta i muri tata i tētahi mahi, i ētahi kōrero, i ētahi aha rānei a te tangata.

Hine: I pōhēhē a Tama ka tū ia ki te rārangi o mua mā tōna kapa haka.
Aroha: Āe, mea rawa ake, kua noho ia hai kāinga rua.

Peti: Kai te pai koe?
Hera: Tōna pai nei. I pōhēhē au he patero, mea rawa ake, he hamuti kē.
Peti: Wī! Ko te tūmanako he tarau raro anō tōu!

Tētahi mirimiringa
Kīhai noa i taro

Next minute
This idiom has gained fame for its use by the 'Nek Minnit' guy, but has been a saying used by Māori for some time previously. It refers to a consequence that happens soon after a particular action or situation.

Hine: Tama thought he'd be in the front row for his kapa haka.
Aroha: Yeah, next minute he's a substitute.

Peti: Are you all right?
Hera: Well, kind of. I thought I needed to fart. Next minute … turns out it's a shart.
Peti: Oh dear, I hope you have a change of undies!

Variation
Not long after

Mahi atu [koe]
He kīwaha tēnei hai tohu i tō kore i hiahia ki tētahi tangata, ki
tētahi mahi āna, ki tētahi whakaaro rānei ōna. I a au i te kura,
i kaha te rere o tētahi atu rerenga e āhua hāngai ana, e kī ana,
'Mimi atu'. He whakamāori noa iho tērā i te rerenga Pākehā, hoi
anō, ko rāua rāua ngā kīwaha nei, he rite ngā wairua.

Rangi: E aha ana koutou?
Moana: Mahi atu koe. He pō tēnei mō mātau ngā wāhine anahe.

Rāwiri: Homai, māku tērā e mahi.
Hēni: Mahi atu. Kai te whakapōrearea noa iho koe.
Rāwiri: Kia tau, kia tau.

Tētahi mirimiringa
Mimi atu

Get lost

This idiom can relay your annoyance at someone's physical presence, their actions or their thoughts. When I was at school, 'Piss off', also meaning get lost, was always heard. 'Mimi atu' is a translation of that phrase, however, both idioms mean the same thing.

Rangi: What are you all up to?
Moana: Get lost. This is a girls' night.

Rāwiri: Give it here, I'll do it.
Hēni: Get lost! You're just getting in the way.
Rāwiri: Wow, calm down.

Variation
Piss off

Hoea tō waka

Pēnei i ētahi kīwaha kē atu, he matarua tēnei kīwaha. He wā ōna ka whiua hai tautoko, hai whakanui i te mahi a te tangata, ā, he wā anō hoki ōna ka whiua hei whakatakē i te mahi a te tangata. I ngā wā e whakatakētia ana te tangata, ko tāna he tohutohu i te tangata kia hoe i tōna waka, engari ia te kaikōrero, kua kore e tautoko atu.

Hine: Kua haere au ki te pāti. Ka haere rānei koe?
Tama: E hē. Kāore a Pāpā i whakaae kia haere tāua. Hoi, haere, hoea tō waka.
Hine: Pai ake te whakapāha tēnā i te tono, e ai ki te kōrero.
Tama: Ka pai, haere, ka kari ai i tō rua.

Moana: Hoea tō waka. Engari, kai wareware, nāku koe i whakatūpato.
Rangi: Ka pai noa iho au, e te tau.

Tētahi mirimiringa
E oke i tō oke

Row your boat

Like many other idioms, this one is double-edged. There are times when it is used to support and celebrate someone's actions. But when it is said with disdain, it tells someone to go ahead and follow through with what they have said, but the speaker doesn't actually support them.

Hine: I'm off to the party. Are you going?
Tama: No. Dad said we couldn't go. But go, row your boat.
Hine: Well, as they say, it's better to seek forgiveness than ask for permission!
Tama: Good for you, go and dig your own grave.

Moana: Row your boat. But don't forget that I warned you.
Rangi: I'll be fine, babe.

Variation
Go please yourself

Ākene [koe] i a [au]

E kaha ana te rangona o tēnei kīwaha i ngā hapori reo Māori. Ki te mahi, ki te puta rānei i tētahi he kōrero ki a koe, whakatoi mai, whakatakē mai rānei, koinei te kīwaha hai whiu au māu. He tohu tēnei kīwaha i tō hōhā ki te tangata nāna ngā kōrero, ngā mahi rā rānei, ā, he whakatūpato i tana unu i te taniwha i te rua.

Rangi: E kore au e mau! Ko au te kīngi o Fortnite ... Aiii. Ko wai tēnā i pupuhi i a au?
Tama: Ko te MadDog_16 rā!
Rangi: Ākene ia i a au!

Rāwiri: Ākene tērā kaihamuti i a au!
Hera: He aha hoki. Kāore e mate te rango i a koe.

Tētahi mirimiringa
Ka kainga koe e au

[I'll] get [you]

This idiom is often heard in Māori speaking communities. If someone does or says something in jest, or to criticise, this is the idiom to use in response. It expresses how annoyed you are at someone because of their words or actions, and it is a warning for someone provoking you.

Rangi: No one can catch me! I'm the king at Fortnite ... Aiii. Who shot me?
Tama: It was that MadDog_16!
Rangi: I'll get him!

Rāwiri: I'll get that little shit!
Hera: Whatever. You couldn't hurt a fly.

Variation
I'll eat you up

Ka kore anō [tēnā] e [mōhio]

He kīwaha whakaiti tēnei i te tangata e noho kūware ana ki tētahi mahi. Ko tētahi tikanga kē o te kīwaha nei, e ai ki *He Kohinga Kīwaha* (1999), he kōrero mō te tangata me uaua ka whakarongo, ka kōrero rānei rātau. Hoi, ki te puta i tētahi te whakaaro mā tētahi tangata tētahi mahi, me tō mōhio ki te koretake o te tangata ki taua mahi rā, anei te kīwaha hai kōrero māu.

Hēni: Kua raru taku waka. I mea mai a Rāwiri kua wera rawa te whakapongi.
Peti: Ka kore anō tērā whakaputa mōhio e mōhio! Kāore ia e mōhio ki te rerekē o te wīra me te pouaka nihowhiti! Haria ki te karāti.
Hēni: Āe, kai te karāti ināia tonu nei.

Rangi: Ko te wahine a Rāwiri te kaiwhakarite i ngā kai mō tā tātau kaupapa.
Moana: E kare! Kāore anō tēnā e mōhio ki ngā mahi o muri! He pihikete me te hanawiti noa iho ka pahawa i a ia.
Rangi: Me haere pea au ki te āwhina atu.
Moana: E mea ana koe! Haere! Kai nōhia te whāriki o te whakamā!

Ētahi mirimiringa
He koretake tērā
He ihu hūpē

[They] wouldn't have a clue
This idiom is used to belittle someone who does not know how to complete a particular task. In *He Kohinga Kīwaha* (1999) it is also used to describe someone who rarely listens or talks. So, if someone suggests a particular person for a particular task and you know how inept they will be, this is the idiom to use in response.

Hēni: Something's up with my car. Rāwiri reckons that the radiator overheated.
Peti: That know-it-all wouldn't have a clue! He wouldn't know the difference between the steering wheel and the gearbox. Take it to the garage.
Hēni: Yeah, it's there now.

Rangi: Rāwiri's partner is preparing our food for our event.
Moana: Goodness! She wouldn't have a clue about looking after manuhiri! She'll probably only serve biscuits and sandwiches.
Rangi: I should probably go and help her then.
Moana: You don't say! Go, otherwise we'll be embarrassed.

Variations
They're of no use
They have a snotty nose (inexperienced)

He kuputohu

Index

He whārangi tuhituhi

Notes

OTHER TE REO MĀORI RESOURCES FROM ORATIA BOOKS

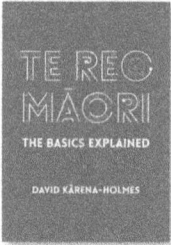

Te Reo Māori
The Basics Explained
David Kārena-Holmes
978-0-947506-69-8   Ebook 978-1-99-004204-1
PB, 210 x 148 mm portrait, 168 pp, b&w

Here is a simple guide to the building blocks of grammar in te reo, showing how to create phrases, sentences and paragraphs. After an introductory chapter on pronunciation and written forms of the language, 17 chapters introduce the main base words, particles and determiners that guide their use. Numerous real-life examples illustrate Māori grammar in everyday use.

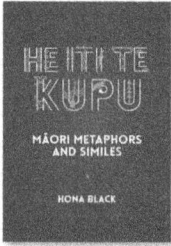

He Iti te Kupu
Māori Metaphors and Similes
Hona Black
978-0-947506-91-9   Ebook 978-1-99-004205-8
PB, 210 x 148 mm portrait, 240 pp, b&w

Written in Māori with English on facing pages, this useful book explains the use, meaning and context of nearly 500 figures of speech in te reo. The metaphors and similes are classified in key categories, with examples from real life, providing a valuable reference for speakers, writers and readers of both te reo and English.

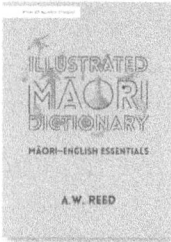

Illustrated Māori Dictionary
Māori–English Essentials
A.W. Reed; illustrated by Roger Hart
978-1-99-004213-3
PB, 210 x 148 mm portrait, 144 pp, b&w

This concise dictionary provides English definitions for core Māori vocabulary, delving into associated meanings and derivations, and featuring over 250 illustrations to assist with understanding. Updated to reflect modern usage and culture, the work retains the classic design from the original 1965 edition.

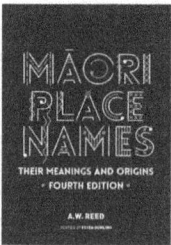

Māori Place Names
Their Meanings and Origins
A.W. Reed, revised by Peter Dowling; illustrated by James Berry
978-0-947506-08-7   Ebook 978-0-947506-52-0
PB, 210 x 148 mm portrait, 152 pp, b&w

Pronounce and understand Māori place names with Reed's classic guide to meanings and origins of names across New Zealand, from Ahaura to Whitianga. This fourth edition is fully revised and updated, with maps showing principal names, hints on pronunciation, and beautiful illustrations from the original 1950 edition.

Available from good booksellers everywhere.

Oratia

www.oratia.co.nz

www.ingramcontent.com/pod-product-compliance
Lightning Source LLC
Chambersburg PA
CBHW050803270326
41926CB00025B/4525

9 781990 042379